MW00575933

Al lector

Al concluir el tema, queda la sensación y deseo de saber y conocer más, se quisiera de alguna manera que el texto no terminara, la magia es tan extensa que se necesitaría de vidas, para poder transcribir el contenido de las ciencias ocultas, esto, tan solo es pequeño aparte que le muestra la puerta del increíble mundo del poder mágico.

El inquieto espíritu que mora en su ser, lo invita a descubrir ese poder oculto, es el inicio, el sendero está hacia dentro de usted, y ha dado un paso más en búsqueda de la sabiduría de la naturaleza. Existe en el mundo de la magia, grandes poderes para hacer el bien o para hacer el mal, igual que contras y protecciones, pero, el verdadero poder radica en el interior de cada ser, es allí donde está la verdadera magia, el conocer las diferentes influencias, aprender a manejar las energías, da la sabiduría para manejar la vida.

Son millones de personas que buscan ayudas mágicas, usted puede desarrollar sus facultades, aprenda descubrir lo que ya sabe, solo que ha olvidado que lo sabe, en lo profundo de usted existe una poderosa bruja y un poderoso mago. Los elementos mágicos, conjuros, rituales, etc. Los encuentra en los demás libros de Wicca la Escuela de la Magia.

Omar Hejeile Ch.

AUTOR
Omar Hejeile Ch.

Editorial Wicca, rescata el poder inconmensurable del ser humano y la naturaleza; un poder que todos poseen, sienten, perciben, pero pocos conocen, a través de los textos, programas de radio, se invita sin imponer una verdad o un concepto, para que cada uno que siente el llamado desde su interior, quien descubre la magia de los sueños, y desea obtener el conocimiento, por ende, la transformación de su vida alcance el centro de la **felicidad.**

La vieja religión ha renacido...

y está en sus manos.

WICCA
ESCUELA DE MAGIA

La vieja religión basada en el conocimiento mágico, de viejas culturas perdidas en el tiempo, escapadas del mundo de los hiperbóreos renacen como el fénix la armonía del hombre con la naturaleza.

Wicca, vocablo que procede de Wise, Wizard, significa "El oficio de los sabios" "Los artesanos de la sabiduría" Durante milenios de persecución, los documentos antiguos de la vieja religión permanecieron ocultos esperando el momento propicio del renacer, ahora, Wicca, recupera algunos de los viejos conocimientos del influjo lunar, el sol, los grandes Sabbats, el poder secreto de los encantamientos y embrujos, el arte de los sortilegios, el infinito mundo mágico de las plantas, el secreto de las estrellas.

Mas información en :

www.ofiuco.com

www.radiokronos.com

www.wiccausa.com

© 2021
Autor: Omar Hejeile Ch.
Derechos Reservados
Título: Señales de Brujería, Contras y Protección

ISBN: 978-958-8391-72-4

Sello Editorial: *WICCA S.A.S (978-958-8391)*

ENCICLOPEDIA*: "Universo de la Magia"*

Diseño y Diagramación: Mario Sánchez C.

Prohibida su reproducción total o parcial. Ninguna parte de esta publicación, incluido el diseño de la carátula, puede ser reproducida, almacenada o transmitida de manera alguna, por ningún medio creado o por crearse, ya sea electrónico, químico, mecánico, óptico, de grabación, fotocopia, ni espacio de televisión, prensa, radio, internet o cualquier otro, sin previa autorización escrita del autor y/o editor: Editorial WICCA S.A.S.

La infracción de dichos derechos puede constituir un delito contra la propiedad intelectual.

Con base en los derechos de autor las imágenes utilizadas para recrear son de uso libre, las que están dentro del libro.

www.ofiuco.com

(Copyright 2021, Todos los Derechos Reservados © EDITORIAL WICCA)

SEÑALES DE BRUJERÍA

CONTRAS Y PROTECCIÓN

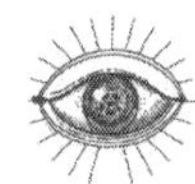

SEÑALES DE BRUJERÍA

En el mundo de la magia el infinito de influencias creadas o brujerías se presenta de distintas formas, cada intención cada interés, es transformado en un influjo con todos los elementos que la naturaleza proporciona.

Definir cada uno, es una tarea titánica son miles y miles de hechizos, rituales, encantamientos o embrujos, pero todos comulgan en obtener lo mismo, dominación sometimiento y fortuna, salud, suerte y amor.

Estos se dividen en las distintas fórmulas mágicas creadas por las brujas, realizando variados rituales que producen el efecto deseado, pero, se disfrazan en la forma de realizarlo, así, las brujas protegen sus obras mágicas, solo las que identifican el contenido crean las contras para armonizar las energías.

Al conocer las señales que se producen cuando se presenta una alteración se buscan las contras que anulan los influjos, conocer esas señales, comprender el profundo misterio de la magia, permite canalizar el destino, los siguientes apartes la mostrarán como

actúa la magia, la influencia, el dominio, y como superar un embrujo.

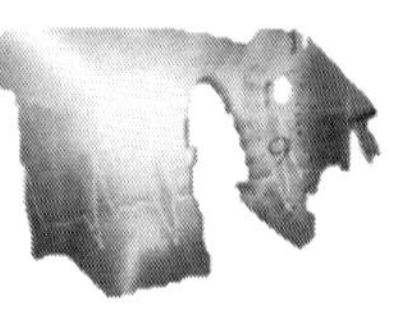

En cualquier momento, en un instante, su espíritu percibe una extraña vibración, un presentimiento, una corazonada, percibe que las secuencias de señales que aumentan indican que "algo" extraño está pasando. Provienen de diferentes formas, se van sumando, los eventos alteradores, todo se transforma y una especie de neblina comienza a invadir la vida.

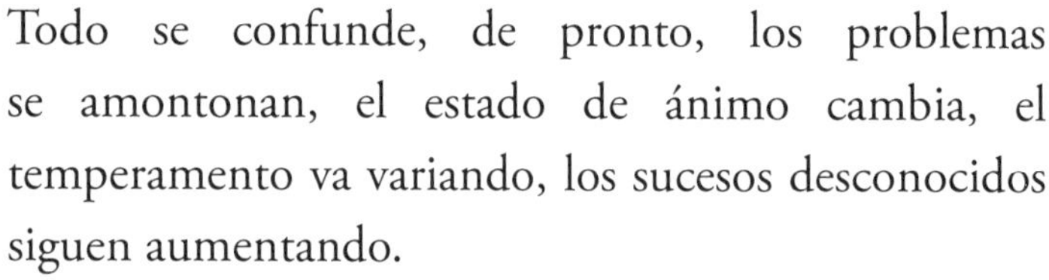

Todo se confunde, de pronto, los problemas se amontonan, el estado de ánimo cambia, el temperamento va variando, los sucesos desconocidos siguen aumentando.

Toda brujería da señales, toda influencia crea malestares, toda alteración en las energías produce un efecto el cual es percibido con las señales que aparecen, las influencias se presentan de diferente índole, en diferentes vibraciones, tanto el campo mental, físico y energético.

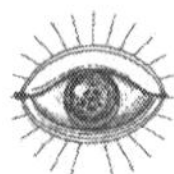

Mentales

El pensamiento controlado por el cerebro es en sí un transmisor y receptor de energía psíquica, estas cualidades permiten tanto recibir influencias mentales como proyectarlas.

En la brujería mental, las influencias van dirigidas al descontrol de las emociones creando pensamientos obsesivos, insomnio, desesperación, angustia, tormentos, voces en la mente, fastidio a todas las cosas que le rodean, trabajo, amor, hogar, posesiones, la brujería mental descontrola la vida, en ocasiones lleva al suicidio, es paulatina constante no posee horarios, crea tales alteraciones que quien es influenciado llega al descontrol de la personalidad ejecutando acciones inimaginables.

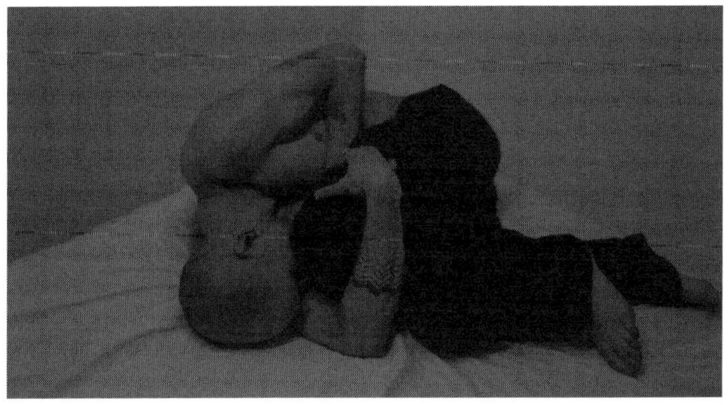

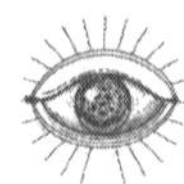

De no controlar los influjos estos pueden durar toda la vida creando un sinnúmero de tormentos, anulando toda estabilidad y posibilidad de bienestar.

La mente al ser atacada inicia un proceso de somatizarse a través de una invariable cantidad de enfermedades que no tienen origen o causa física, males postizos, que, en sí, son una respuesta del cuerpo con las alteraciones psíquicas.

Físicas

Toda brujería irradiada altera el campo material, cuerpo, objetos, casas, habitaciones, etc., Todo posee energía y esta puede ser infestada. Lugares con mala suerte, habitaciones que absorben la energía vital de sus moradores, herramientas que se dañan sin razón aparente, muebles que se deterioran, electrodomésticos que se funden, automóviles que constantemente se dañan.

El listado puede ser extenso, cuando una mala energía es proyectada y recibida "corta" el fluir natural de la materia alterando todo. Este tipo de brujerías son extremadamente peligrosas, llegan a causar verdaderos desastres, accidentes, incendios, inundaciones,

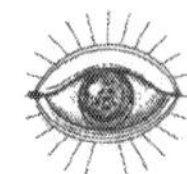

dejando lugares embrujados y malditos. Los objetos embrujados continúan liberando la energía de la brujería impuesta hasta que sean exorcizados quien lo posea así no tenga nada que ver con la influencia original, igual recibe la energía de alteración.

Energéticas

La brujería energética es altamente poderosa, invisible, da señales confusas y de difícil interpretación, se perciben cuando se han acumulado llegando a ser poderosas, infestan tanto lo mental como lo físico.

Este tipo de brujerías son ejecutadas por brujas, magos, espíritus, entidades, sombras, seres de otras dimensiones, lugares malditos que las emanan, ecos psíquicos de personas fallecidas, solo los eventos que producen pueden identificar que las causa.

Solo se pueden combatir por personas versadas en las artes mágicas, que posean un gran conocimiento y poder.

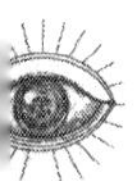

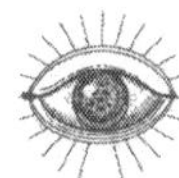

BRUJERÍA Y MAGIA

Toda brujería, todo acto mágico posee un principio de poder, "**La dominación**" básicamente es la fuerza que imprime toda influencia mental, física y energética, y es la intención primaria; dominar.

DOMINACIÓN

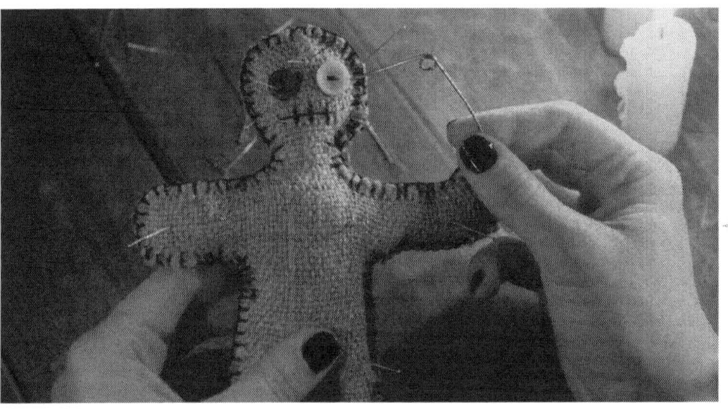

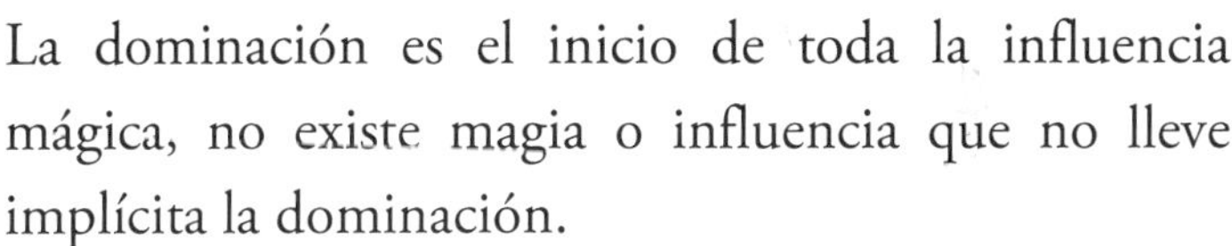

La dominación es el inicio de toda la influencia mágica, no existe magia o influencia que no lleve implícita la dominación.

Bien sea para construir o para destruir, de igual manera a través de la vida los diferentes grupos en las diferentes actividades de la vida se produce la dominación, en mayor o menor escala.

La lucha de poder comienza desde la casa, parejas, hijos, vecinos, igual en el trabajo la lucha de poder va generando divisiones.

En todos los ámbitos humanos, la dominación es la base, en la magia es la base para generar influencias, y es de allí donde nace la brujería y Todas las variantes de dominación y poder.

Así, nacen las luchas de la magia, entre quienes actúan para obtener el poder y entre quienes buscan evitar esa influencia.

Ante una dominación se buscan los recursos para evitarla.

La dominación no es únicamente de una o un grupo de personas sobre otra u otras también se produce de energías sobre la materia y sobre la mente, desencadenando fenómenos de índole paranormal, tanto de posesiones mentales dominantes, como de posesiones materiales.

Con la dominación nacen; la territorialidad, posesividad, el control, el sometimiento, las dependencias mentales y físicas, se entrega la voluntad,

en ocasiones es tal la influencia que puede durar toda la vida, cuanto mayor sea el influjo y durante más tiempo, más difícil liberarse de este.

Es "***el máximo poder***" quien se domina, asimismo, puede gobernar y dominarlo todo.

Tomando en cuenta que: el bien o el mal no existen, sino que forman parte fundamental de la estrategia, conocer el arte de dominar y no ser dominado, abre las puertas al triunfo, progreso, riqueza, abundancia, es una extraña balanza entre premios y sometimiento.

La dominación; es una dependencia psíquica, física y energética "creada", en otras palabras, es una forma de influencia mágica o brujería, la pérdida de autonomía y decisión lleva a profundas desgracias y desventuras.

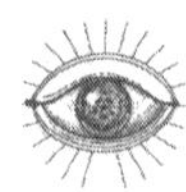

Brujería de dominación mental

Señales

Se realiza mediante la obediencia de órdenes sutiles al inicio y posteriormente más complejas, son impuestas con violencia, control, minimizando a la persona, todo se le prohíbe, adicional se culpa, se le condena como generador del daño, todo acto es una amenaza a la obediencia.

Este control sostenido con la manipulación que todo lo que se hace es dañino, que va en contra de la relación, que daña la vida, y mil disculpas más, hace que la persona influenciada lentamente pierda su capacidad de acción aceptando las limitaciones impuestas.

Es cuando se entra con la complacencia, se renuncia a la vida, se pierde el sentido, se renuncia al estudio, progreso, trabajo, bienestar, belleza, amigos, familia, economía, la vida se ha detenido y se destruye.

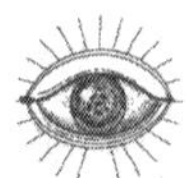

Lo peor está cuando la relación se termina de forma violenta, el dominador termina despreciando al dominado, el cual necesita de las órdenes o aprobación de lo que debe hacer, al no encontrar respuesta se vuelve obsesivo y dependiente, se termina acosando al dominador, es un extremo de dependencia total.

Al rechazo sigue la insistencia, al abandono la soledad, desdicha, ausencia de la vida, falta de amor propio, decadencia, desesperación, y, lamentablemente cuando esto no se maneja a tiempo, existe una gran tendencia al suicidio.

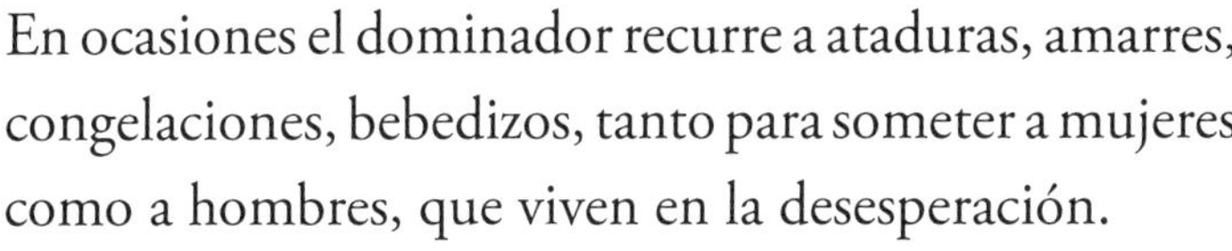

En ocasiones el dominador recurre a ataduras, amarres, congelaciones, bebedizos, tanto para someter a mujeres como a hombres, que viven en la desesperación.

- Alumbramiento
- Endulzamiento
- Tabaquear (Fumarle Tabaco)
- Enraizar (Anclar a la persona a un lugar de donde puede partir)

- Tejido de bruja (Un símbolo hecho con hilo en una prenda que no se nota)

- Atrapamiento

- Bebedizos de encantamiento

Al ejecutar cualquiera de miles de rituales para dominar a una persona, esta seguridad hace que se le trate de forma despectiva, "***se sabe que ya está encantada y no se puede ir***" el mal trato genera atracción, (**La terrible ley del efecto invertido**) cuanto más se desprecia, el ego lastimado le hace regresar.

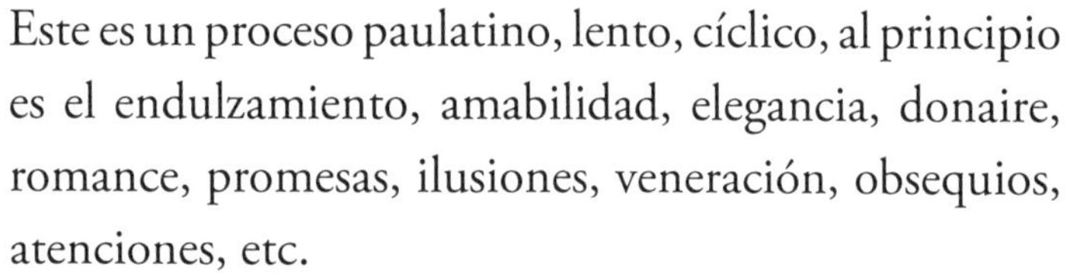

Este es un proceso paulatino, lento, cíclico, al principio es el endulzamiento, amabilidad, elegancia, donaire, romance, promesas, ilusiones, veneración, obsequios, atenciones, etc.

- Luego se inicia el proceso, primero el aislamiento, amigos, familia, cierre de redes sociales, entrega de claves, todo bajo la sutileza y promesas, paralelo, intensa sexualidad que crea amarres.

- De manera sistemática, comienza el arte de la dominación, pequeñas órdenes que van acompañadas de premios y gratitud, regalos inesperados, detalles,

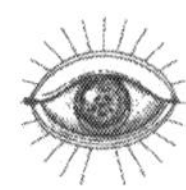

lentamente se produce la despersonalización, la mente asocia obediencia con placer, es allí donde la brujería se abre paso, una fotografía, una prenda, un objeto basta para ser atado e iniciar el cierre.

Tanto los hombres como las mujeres recurren con los rituales de dominación entre ellos.

Luego de una etapa de endulzar, vienen los cambios temperamentales, lo primero es crear complejos de culpa cuando no se cumple alguna tarea u orden, haciendo sentir mal a la persona.

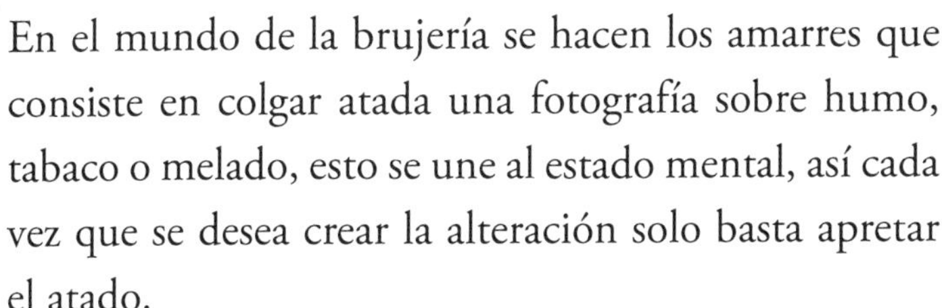

En el mundo de la brujería se hacen los amarres que consiste en colgar atada una fotografía sobre humo, tabaco o melado, esto se une al estado mental, así cada vez que se desea crear la alteración solo basta apretar el atado.

Una especie de entrenamiento a distancia, cuanto más se influye más dominio y sometimiento se obtiene hasta llegar a la dependencia total.

Se llega hasta el extremo de entregar todo el poder y mando a quien crea el dominio, en el caso de los hombres, son dominados mediante la sexualidad, esto

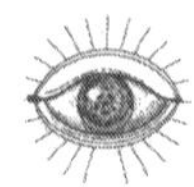

hace que exista una mayor dependencia, se pierde la autonomía se entra en el servilismo y se cae en una situación difícil de manejar.

Se encuentra fácilmente hombres que se desesperan por una mujer, llegando a sacrificar toda su vida, en ocasiones el desespero y rechazo, puede terminar de manera violenta o fatal.

De todos los rituales de magia sobre la influencia mental, la dominación es quizá el peor de todos, destruye la vida lenta y paulatinamente hasta el extremo de llegar a ser fatal.

Contras

Lo primero que se debe hacer para crear una contra y minimizar el dominio, es conocer y estar seguro, que existe un influjo de magia. De lo contrario se puede cometer una equivocación, al confundir un amor obsesivo, con una brujería.

O, una dependencia sexual, con un influjo mágico, así que dependiendo de quién observe las alteraciones y, dependiendo de los intereses que posea, se realizan las acciones siempre y cuando la persona realmente

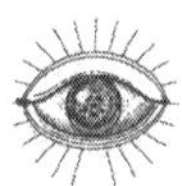

quiera liberarse de la imposición algo muy difícil que ocurra.

Cada persona que es “dominada” comienza a inquietarse y saber que “algo” no normal, está sucediendo, se siente atada, entra en confusión constantemente, es allí donde los contras actúan.

✪ Tome una prenda íntima que debe estar sudada y usada, la cual se coloca al sol de mediodía hasta que quede bien seca, luego sobre ella escriba el nombre de la persona con quien tiene el lazo de unión y de dominio, al caer la tarde antes que llegue la noche deberá quemarla, con el deseo que todo sentimiento o lazo que exista también se queme.

✪ Ahumé un espejo con mucho cuidado sin irlo a romper, pase la flama de la vela hasta que quede cubierto, luego en él escriba el nombre de quien domina al revés, cierre o cubra el espejo y entiérrelo en un lugar donde no haya vegetación.

✪ Consiga una manzana roja, haga un orificio en uno de sus extremos, coloque dentro el hilo de una prenda de ropa, tanto suya como de la persona que le domina, escriba en un pedazo de pergamino el nombre de los

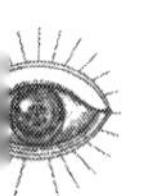

dos entrelazados, luego coloque el pergamino con el hilo dentro de la manzana y séllela nuevamente con el pedazo que retiro inicialmente.

⛤ Posteriormente debe colocarla en un congelador durante 28 días, luego se saca congelada y se entierra, en la medida que la manzana se pudre el amor se destruye, este ritual solo se puede hacer si hay dominio, no que sea un capricho de alguien que quiera destruir un amor, de igual manera no existe forma de revertirlo.

Quien es dominado nunca aceptará que lo está, su mente ha sido "bloqueada" justificará todo como ataques, esto puede influir para que se una más a su dominador o verdugo.

Dominación Física

En la vida, uno de los deseos que mayor poder tiene, es el deseo de "tener", por lo general se considera el mejor aliado y recurso para triunfar en casi todas las cosas de la vida, en el fondo pueda que sea así. Esto desencadena la codicia, envidia, celos, competitividad, ansias de poseer, poder, manipulación, estrategias, fines, planes, asociaciones, etc.

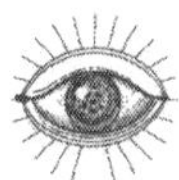

Todo esto libera la “dominación material” en todas sus representaciones, objetos y personas.

Entre las prioridades se desea dominar la riqueza cuantos más recursos económicos se tengan, mayor poder de dominio sobre todo se tendrá.

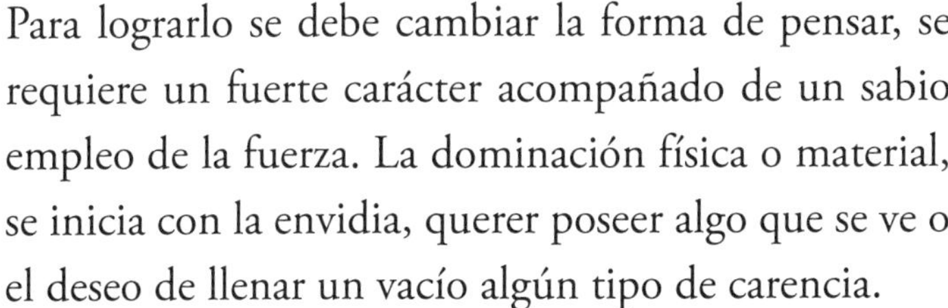

La base del dominio material es la estrategia, (*véase el libro Estrategia Mágica*) se utiliza para obtener mayor cantidad de beneficio, con el menor esfuerzo posible.

Para lograrlo se debe cambiar la forma de pensar, se requiere un fuerte carácter acompañado de un sabio empleo de la fuerza. La dominación física o material, se inicia con la envidia, querer poseer algo que se ve o el deseo de llenar un vacío algún tipo de carencia.

Comienza por algo pequeño que va creciendo, mágicamente la posesión y el dominio de las riquezas tiene en sí un peligro del que nadie escapa, el deseo incontrolable de tener más.

Al hacerlo llega la dominación, la cual se convierte en un desafío constante hasta el punto de no importar la

acción que se deba ejecutar con tal de tener lo que se desea, cuanto más se posee más se domina, esto por atracción hace que se domine mentalmente a quienes poseen poco o no tienen, igual el dominio en dominio material está implícito el dominio mental.

La brujería se convierte en una poderosa herramienta, hechizos de posesión que alteran un lugar con tal que sus moradores lo entreguen, encantamientos sobre las personas para seducirlas, manipular procesos jurídicos, actuar sobre la psiquis de quienes toman decisiones, en fin, es un recurso ilimitado.

Señales

- Afán de vender una propiedad sin justificación aparente.

- Sentir fuertes tentaciones a adquirir algún tipo de bien o servicio

- Recibir dádivas o ayudas desinteresadas y sin razón, (estrategia del dominio lento)

- Sentir rechazo espontáneo por otra persona o por un lugar, con gran deseo insuperable de renunciar

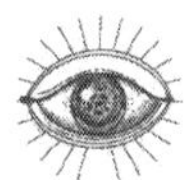

⊛ Sentir atracción a algo o alguien sin que prime causa alguna

⊛ Tener una profunda necesidad de entregar pertenencias, dinero, escrituras, objetos, etc.

⊛ Sentir deseos de ayudar a alguien y ofrecerse sin que se lo pidan

⊛ Sentir pasiones confundidas con amor por alguien de manera repentina

⊛ Dejarse envolver en promesas o ilusiones que lentamente toman el control de sus bienes

⊛ Tener pesadillas y miedo a perder sus recursos

Y muchas más, el dominador material recurre a todos los elementos probables y posibles para obtener beneficios que satisfagan su deseo de poseer y dominar.

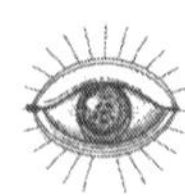

Contras

Existe un sinnúmero de protecciones, pero, primero se debe conocer la intención primaria de la influencia, en otras palabras, que se codicia, una mujer, un hombre, dinero, propiedades, un determinado objeto, un determinado lugar, un trabajo, etc., Dependiendo del deseo se crea una protección específica.

Pero como sugerencias mágicas o contras:

- Nunca tome decisiones sin haber pensado claramente lo que va a hacer y por qué lo hace.

- Cuando sienta incomodidad con algo, evalué si existe alguien interesado en ese algo.

- Esté atento con las señales de una brujería o influencia negativa.

- Siempre piense que desean las personas que le rodean, es fácil si sabe escuchar, quien quiere dominar hará preguntas muy puntuales sobre el tema que interesa.

- Actúe con cautela.

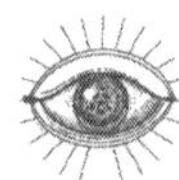

⊛ Use siempre talismanes de protección quien desea hacer algo en su contra irradia esa energía el talismán la percibe y le avisa.

⊛ Nunca firme un documento sin haberlo estudiado, como protección, cuando lo vaya a hacer tómese al menos seis días para pensarlo.

⊛ No ofrezca ayudas, dinero, servicios por pensar que es buena persona, usted puede estar siendo manipulado para que lo haga.

⊛ No preste dinero.

⊛ Sea prudente con sus secretos, quien desea dominar es lo primero que buscará en su vida para mediante el chantaje lograr su propósito.

La dominación de lo material lleva, a romper leyes y reglas de la vida, la codicia no tiene un límite, siempre se deseará más, quien cae en las manos de un dominante difícilmente podrá liberarse.

Para usar el dominio y obtener los beneficios se requiere de una profunda sabiduría manteniendo siempre el equilibrio, toda bruja y mago, deben ser dominantes, cada persona debe serlo, el arte de la dominación bien aplicada es el arte del éxito en todas las cosas de la vida.

De usted y solo de usted, depende donde quiera estar, como dominante o dominado.

INFESTACIONES SEXUALES

Infortunadamente, la gran mayoría de personas que sufre de brujerías o influencias negativas, son quienes han vivido o viven infestaciones sexuales.

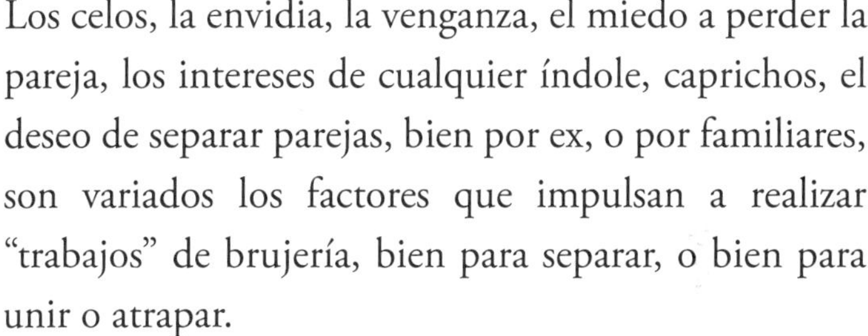

Los celos, la envidia, la venganza, el miedo a perder la pareja, los intereses de cualquier índole, caprichos, el deseo de separar parejas, bien por ex, o por familiares, son variados los factores que impulsan a realizar "trabajos" de brujería, bien para separar, o bien para unir o atrapar.

En esto desafortunadamente son los hombres los que más influjos reciben y los que menos actúan para protegerse.

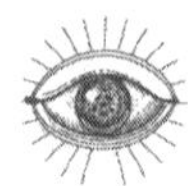

El afán sexual los lleva a tener sexo ofreciendo relaciones, ayudas, ilusiones, promesas, obsequios, todo a cambio de una sexualidad, que posterior genera conflictos y dificultades, las personas se resienten, se sienten burladas, usadas, decepcionadas, nace la venganza.

Pero… algunas mujeres bajo el deseo de intereses escondidos inducen a los hombres, se insinúan, buscan atraer, recurren al encantamiento, sin importar las condiciones, el asunto es "tenerlo" como sea.

Todo esto, abre las puertas al juego de la magia, atraer y repeler, poseer y limitar, vengarse y premiar, y para esto, se recurre a verdaderos extremos.

Toda relación está enmarcada en esos extremos donde la ley del efecto invertido juega un papel importante, acercamientos y alejamientos, indiferencia prostitución disfrazada, chantaje, mentiras y manipulación.

El amor es sensible, frágil, da paso a la obsesión, hábito, costumbre, con el tiempo se transforma y cambia. Es cuando se recurre a la magia para poder conocer lo que está sucediendo.

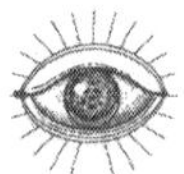

Antes de mirar algunas influencias mágicas sobre el amor es importante aclarar, que: No todas las situaciones difíciles que atraviesan las parejas obedecen con influencias mágicas, sino como consecuencia de un desgaste del amor hasta llegar a tener fastidio por la pareja.

Suele suceder que alguno se canse, el desencanto y el desamor, pueden aparecer en un segundo, una noche bien y al otro día, los sentimientos han muerto.

Estos eventos al no ser comprendidos sugieren algún tipo de influencia mágica, y de igual manera, el encantamiento, puede pasar en un instante, un mensaje, una mirada, un apretón en el saludo, una sonrisa, y el encantamiento ha creado un puente, todos los demás sentimientos sin importar lo fuerte que fueran, en ese momento han sido aniquilados.

Los cambios llegan, la indiferencia inicial, el alejamiento, pequeñas señales que se perciben indican que algo ha cambiado, es cuando se abre como opción el mundo de la magia, bien para atraer de nuevo, bien para descubrir lo que ocurre, o bien para vengarse, en sí, se busca en la magia solucionar todos los eventos que alteran la relación.

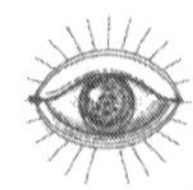

Pero antes de eso, se debe racionalizar lo que está ocurriendo, tratar de hablar e indagar, permitir un tiempo de pausa, así se sufra es prudente esperar antes de abrir una puerta mágica que llega a ser altamente destructiva.

Los triángulos amorosos o la multiplicidad de parejas producen infestaciones de energías, causando verdadero sufrimiento y en lo futuro, profundos arrepentimientos.

Señales

Los siguientes apartes se exponen como información, no como afirmación de ningún tipo de alteraciones, ni engaños, traiciones o imposiciones mágicas, es de cada persona evaluar conscientemente los diferentes eventos que enmarcan su vida.

Si algunos de estos comentarios se relacionan con situaciones que usted vive, debe pensar bien antes de actuar.

Mandar hacer un trabajo de magia, bien para imponer un mal o para quitarlo, es algo de lo que se debe estar seguro, igual con las brujas o magos que lo realice, si no los conoce es mejor que sea cauto o puede sufrir pérdidas económicas.

Toda brujería impuesta directa o indirectamente, antes de realizarla con el solo deseo, ya está enviando una serie de energías, las cuales se perciben cuando alteran el entorno, basta un pensamiento irradiado con fuertes sentimientos para generar una señal.

Es ese momento en particular que, al notar los cambios, vienen los interrogantes.

Sueño mucho con mi pareja ¿me hizo brujería?

Señales

⛤ Es uno de los eventos que indican que algo está ocurriendo, si la pareja está en armonía es normal que en sueños niveladores se presente.

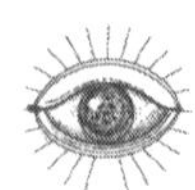

⛤ Dependiendo del sueño, puede significar una premonición, aviso, advertencia de un suceso por venir, se recomienda estar atento con las sutiles señales, evaluar los planes, mirar si existe alejamiento, analizar todo el contenido onírico. (*Véase el libro de los sueños*)

⛤ Si la relación se ha terminado, y fuera de los sueños percibe, aromas, perfumes, siente en la piel como si insectos caminaran, olor a tabaco, olores dulces, percibe presencias, están haciendo un endulzamiento en contra de su voluntad.

⛤ Si en sueños siente que tiene sexo con su expareja como si fuera real, pero siente incomodidad o fastidio, usted está viviendo un amarre de amor.

⛤ Si se sobresalta en los sueños con su expareja algún tipo de energía le están imponiendo. (*Véase el libro Significado e interpretación de sueños*)

Contras

⛤ Duerma al revés, los pies hacia la almohada.

⛤ Amontone sal sobre un plato y déjelo debajo de la cama, al otro día revise, si está la sal seca y dura,

mala señal, si está húmeda y casi derretida todo va a empeorar deberá tener cuidado.

⛤ Utilice pociones de protección junto con un Talismán sagrado, debe utilizar durante tres semanas un filtro de amor, para crear un bloqueo contra las energías.

⛤ Saque todo lo que tenga de su expareja o devuélvalo, si es ropa o prendas estas deben ser envueltas al revés, pero evite entregarlas directamente, mejor envíelas.

⛤ Una aseguranza conjurada en la noche de novilunio le será de protección, pero, recuerde que al estar protegido la energía irradiada salta a lo que haya en su mente, otra persona, su mascota o alguien de la familia puede sufrir los efectos.

⛤ Si siente impotencia sexual dentro de los sueños, debe evaluar con quien ha tenido relaciones y en qué condiciones se terminó, lo mejor es que busque hablar con su ex, y quedar en buenos términos.

⛤ Si siente que los sueños continúan haga un cierre de su cama usando Ajenjo, Ruda, y una esencia sagrada de brujas.

Si con lo anterior la situación no mejora, debe hacer un Sortilegio de amor, o lectura de la suerte, con una bruja o mago de su confianza.

VUDÚ

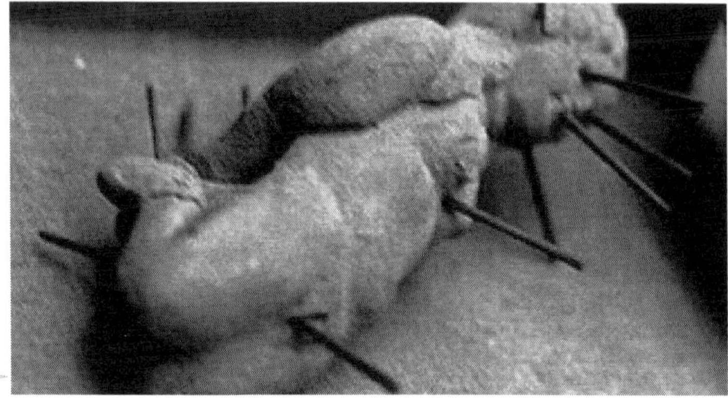

En algunas ocasiones las personas despechadas pueden recurrir a magias poderosas como el Vudú, eso se hace con una prenda de la persona a atormentar, sobre la cual se construye la forma de un muñeco y en él se realizan diferentes acciones que serán recibidas por quien es embrujado. La única contra que existe para este tipo de rituales, es otro ritual de Vudú realizado por una bruja o mago conocedor de esta magia Lukumí.

Señales

- Punzadas profundas en diferentes partes del cuerpo.

- Pérdida de por eso sin causa aparente

- Pesadillas o visiones en sueños donde su espíritu sale de su cuerpo, se identifica porque no es un sueño normal, y se recuerda como una vivencia.

- Estados de desolación y decaimiento anímico.

- Sueños repetitivos que atormentan.

- Caída del cabello.

- Alteraciones fisiológicas sin causas médicas

- Fenómenos paranormales que ocurren en la habitación, sabanas y objetos que se mueven solos.

- Voces y extraños cánticos

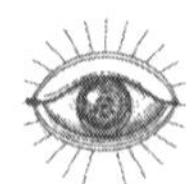

Todos los demás fenómenos que no tienen explicación, si esto ocurre debe buscar ayudar mágica.

Advertencia: es importante aclarar que algunas enfermedades pueden producir síntomas similares a un ritual Vudú, por ende, lo primero es consultar con su médico buscando una causa física, como último recurso se sugiere la magia, pero, no se aventure a suponer un ritual Vudú, antes de descartar una enfermedad. Es su responsabilidad.

Los sueños son representaciones de otras realidades, en diferentes dimensiones, el amor es otra dimensión, por ende, en sueños se alteran las vidas, se crean lazos o se destruyen.

- Si se levanta aborreciendo a su pareja, alguien está actuando en su contra.

- Si en sueños siente atracción por otra persona, alguien quiere destruir su relación.

- Si en sueños ve a su pareja con otra persona y siente celos, despertándose al momento, alguien está rompiendo los lazos del amor.

⛤ Si en sueños ve sombras que le persiguen junto con su pareja, terceras personas están acercándose a su relación.

Contras

Del libro secreto de las brujas dice: cuando presienta o vea en sueños que alguien quiere dañar su relación, bien sean familiares que es lo más común, o terceras personas que se están acercando debe:

⛤ Durante la semana de luna llena, intercambie la ropa interior con su pareja al tiempo de dormir. Si no la puede usar colóquela debajo de su espalda.

⛤ Haga un atado con las prendas íntimas, de usted y su pareja, y déjelas bajo el colchón durante siete días, estas deben estar sin lavar.

⛤ Utilice un filtro de amor de unión y protección.

⛤ Consiga un nido, retire tantas ramas como las letras de los nombres de los dos, y átelas con hilo rojo, luego, cuelgue el atado bajo la cama.

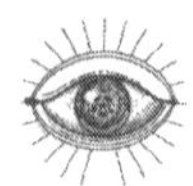

- Dialogue con su pareja pidiendo toda la sinceridad posible, pero, si presiente que le mienten o le engañan, trate de asegurarse de la verdad.

Recuerde el amor se acaba y cuando esto pasa no se puede "obligar" a nadie a amar.

Se debe evaluar si existe otro tipo de dependencias, sexuales, droga, diversión constante, en ocasiones la dominación es "premiada" con algún tipo de vicio.

Es complejo intentar cambiar las dependencias, o influir en los destinos, la dominación en ocasiones termina de formas fatales.

- Hable con la persona intente hacerle ver la situación que está viviendo, aunque no sea consciente de esta.

- Intente mostrarle los cambios mentales y físicos y el desinterés de la vida.

- No forcé la situación con discusiones para que renuncie, eso solo afirmará más su deseo.

- No le hable mal de quien domina, usted terminará siendo el enemigo.

- Gánese la confianza para conocer los riesgos.

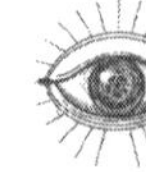

㉿ Si existen, trate de contactar con las autoridades, pero recuerde es la libertad de cada cual.

Cuando la persona es consciente de la situación, fuera de las contras, las mejores opciones son; cambio de habitación, cerrar todos los canales de comunicación, de ser posible se sugiere un traslado a un lugar lejano, fuera de colocar distancia, es una ayuda para la sanación mental. No culpe ni juzgue a quien cae en la dominación, bríndele total apoyo, nadie está exento de caer en esa situación sin darse cuenta.

㉿ La dominación del Sado o mágica es consensuada.

㉿ No toda dominación es dañina.

㉿ Los celos o envidia pueden suponer que una persona es dominada

㉿ No se deben alterar destinos, sin que la persona no pida ayuda.

㉿ La dominación con amarres, ataduras, congelamientos, que llevan a la desesperación, solo una bruja o un mago versado en las artes puede revertir.

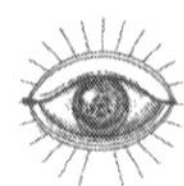

Sortilegio de las brujas señales de los objetos, las casas y las cosas:

Este requiere de atención y estar atento, toda influencia y todas las situaciones antes de agravarse dan una serie de avisos o señales, indistintamente que se trate de una brujería, si en su casa una llave comienza a gotear, ¿qué le está diciendo y que le está anunciando?

Pero fuera de eso implícitamente le avisa que, si no la arregla, el daño va en aumento hasta que su casa se inunde. Al escuchar el goteo usted está haciendo un sortilegio "leyendo las señales del porvenir" o actúa o tendrá una desgracia, es simple.

El **Sortilegio de las Brujas** es la lectura de suerte de las cosas, no solo de la casa, sino de todo lo que le rodea. Todo avisa, cuando se recibe una mala energía,

cuando se avecina una mala racha, cuando alguien le está influyendo negativamente es la hora leer la suerte, lo que pasó, lo que ocurre, y lo que ocurrirá. Si lo hace bien puede saber muchas cosas, desde antes hasta el futuro.

Veamos la llave que gotea, pero antes del sortilegio evalué, la llave es nueva o vieja, la casa es nueva o vieja, hizo arreglos recientemente, se dañó espontáneamente, bueno la casa le está dando señales.

Sugiere que algo pasó antes que se dañara, un mal arreglo una estafa, quienes vivían antes eran descuidados, la casa está avisando que, la tubería es vieja, alguien "alterado" dañó la llave, hay mucha presión de agua, la llave es de mala calidad y se dañó, o, es la señal que se recibió una mala energía y en su vida está pasando alguna alteración, normalmente, cuando las llaves gotean las lágrimas también lo hacen.

Este es el momento oportuno para obsequiar un libro físico igual a este, (no lo puede copiar, ni plagiar) a esa persona en la que está pensando y lo necesita le ayudará tanto que no imagina.

Es ahí donde viene…

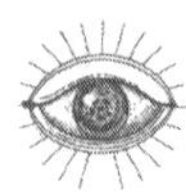

☽○☾ EL LENGUAJE DE LAS COSAS

En la medida del tiempo, cada uno se va fusionando con su entorno, son las vibraciones que se acoplan, todo produce esa vibración especial que suele pasar desapercibida, el ruido del computador, el ruido del carro, los sonidos de la noche, el televisor, la estufa, todo emite diferentes frecuencias.

La naturaleza hace lo mismo, los vientos antes de la tormenta, los vientos que anuncian la calma, el canto de las cigarras antes de la lluvia, las langostas antes de la sequía, los cambios antes de un terremoto, aun el brillo de estrellas anuncia eventos, etc.

Las brujas y magos versados en las artes, al observar y sentir esas alteraciones entendieron el "lenguaje de las cosas"

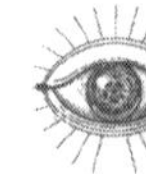

Para comprender y poder definir o descubrir lo que dicen, dividieron las secuencias de las frecuencias en los cuatro elementos. **Agua, Fuego, Tierra y Agua.**

Los que se atraen se mezclan se apoyan y se rechazan.

Cuando algo sucede y avisa, se percibe un suave cambio, un ruido diferente le dice que algo está mal, un bloqueo en la cerradura le da señales infinitas de sucesos posibles, el pedal del freno de su carro que se siente diferente, la silla de su oficina, el riel de las cortinas, todo habla, y ese "algo" diferente su mente lo capta, algunas personas lo pasan desapercibido y terminan en problemas, pero se sabe que algo ha cambiado.

Esa pequeña y diferente "vibración" es la señal, aun en la forma de actuar, en las emociones, en los mensajes de redes sociales, un "Hola..." aunque son letras, se percibe que existe algo diferente.

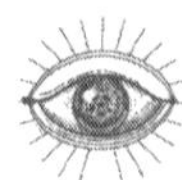

Aun estas señales aparecen en los sueños, como indicadores o señales, algo a lo cual se les debe prestar atención.

La frecuencia de su energía originalmente se ha sintonizado con todo, lo cual da la sensación de normalidad, cualquier frecuencia que se altere, da las señales que algo está sucediendo y, que algo ha cambiado.

Para lograr percibir las suaves emanaciones iniciales, se debe estar en armonía consigo mismo, si no hay calma y serenidad o se tienen conflictos interiores, todas sus energías estarán alteradas, por ende, en esa turbulencia mental no podrá identificar nada.

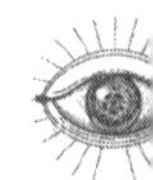

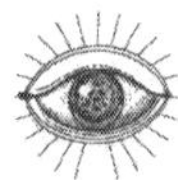

AGUA

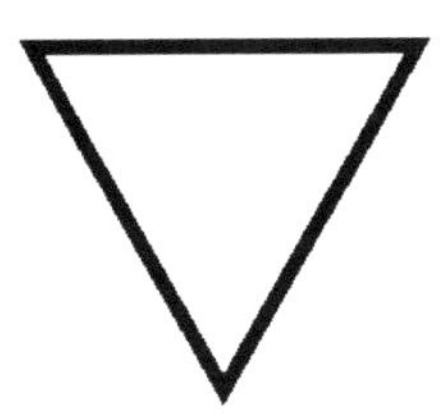

Símbolo de la vida, en armonía es placentera y agradable, limpia, transparente, suave, alterada con bajas vibraciones, turbia, sucia, contaminada.

Todas las cosas poseen implícitamente el elemento agua, bien en su fabricación o en su uso y mantenimiento, hace relación con todo lo que es líquido, en cualquiera de sus posibles representaciones, hielo, gas, nieve, vapor o nubes, etc., Aceites, sangre, combustibles, aun en los sueños revelan presagios o augurios, en el lenguaje de las cosas aparece como:

Señales

- Humedad
- Goteo
- Falta de presión
- Escasez
- Bruma

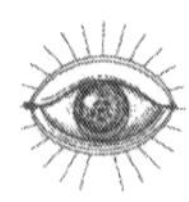

- Niebla
- Vaho
- Manchas
- Charcos o pozos que se forman
- Vapor
- Fluidos corporales
- Hongos
- Moho

Y las demás formas o presencias posibles que se relacionen con los líquidos, sin importar su textura, color, estado, ya tiene una idea y eso le ayudara a mirar las diferentes señales.

Ahora es fácil definir que indican, toda presencia del agua alterada, humedad, óxido, flemas, sucia, o que aparezca de forma repentina, o que haga que algo falle o se dañe.

Denota problemas, lágrimas, pérdidas, influencias negativas que están llegando a su vida, alguien o algo le visitará con malas intenciones.

Presagia la muerte, las despedidas, las discusiones, debe analizar en qué lugar aparece:

- Humedad en las paredes, malas señales, problemas y dificultades.

- Llaves o tuberías que se rompen una mala energía está liberándose, debe hacer limpieza energética, velas conjuradas, pociones y ritual.

- Paredes que gotean, la casa llora, debe evaluar las discusiones y las alteraciones emocionales, la mala suerte ha llegado, arregle la casa y cambie las vibraciones de lo contrario vendrán las dificultades.

- Vapor o niebla que se forma sin motivo o causa, su vida está colmada de malas influencias, observe a que se dedica o que hace, es un aviso que vendrán penurias, alguien puede estar influyendo negativamente en su vida.

- Si algo se oxida rápidamente, así sean las frutas o el pan, enemigos le asechan sea cauto y tenga cuidado.

Todas las brujas y magos saben que los hongos, el moho, la leche cortada, la mantequilla o queso que rancian o toman mal olor, la sal que se humedece o se pone dura, son las primeras señales de fuertes influjos, que atraen la pobreza, la miseria y las enfermedades, algo en su casa fue "impuesto" para causar daño.

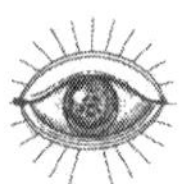

Contras

El complemento del Agua es la Tierra, así que no se puede usar porque la alimenta o magnifica las energías, se debe actuar con Fuego y Aire.

- Busque la causa física y repárela cuanto antes.
- Haga siete inciensos o sahumerios por siete días.
- Encienda velas de protección contra la envidia y brujería a las nueve de la noche, deben estar previamente rezadas y conjuradas.
- Busque en su casa objetos, bolsas, tierras, huesos envueltos, o cualquier elemento que le parezca extraño o raro.
- Antes de sacarlo de su hogar deberá atarlo con cintas negras y nueve alfileres así la energía no se queda.
- Bote, loza vieja, ollas, platones, vasijas, todos los contenedores de agua o líquidos que estén dañados.
- Use el elemento Aire, aromatice su hogar constantemente, pero antes, evalué su forma

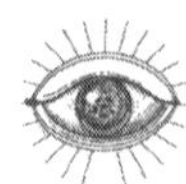

de ser y de quienes allí habitan, un lugar con cambios temperamentales, gritos, golpes, insultos o maldiciones, solo atrae las malas energías y los enemigos.

Este atento con estas señales, todo comienza por una por algo pequeño que va creciendo con el tiempo, de no hacer un alto y remediar a tiempo si la infestación toma ventaja, la situación escala cada vez a mayor dificultad, por último, el caos no espere a la tragedia para actuar.

Recuerde el agua al igual que el alma transporta la mugre, se contamina y se ensucia, pero siempre se puede purificar.

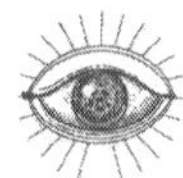

TIERRA

Todo cuanto existe está hecho de Tierra, en diferentes formas o representaciones, la tierra es el elemento que transforma, destruye y construye al mismo tiempo, es la mutación perpetua. Se representa en todas las cosas materiales, casas, carros, ropa, electrodomésticos, todo absolutamente todo es Tierra.

La Tierra al igual que el cuerpo humano posee energía en diferentes vibraciones, y recibe de manera similar, hasta el extremo que puede ser poseída por diferentes entidades tomando vida propia.

Golem, muñecos malditos, casas y autos, camas, locales, apartamentos, cementerios, tumbas, etc., todo puede quedar poseído bajo el poder de una entidad que lo encarna.

Estas entidades infestan bien porque el lugar las atrae, en vibraciones similares, bien porque alguien versado en las artes mágicas la induce a habitar, embrujar o encarnar en un objeto o un lugar.

Todo objeto embrujado se convierte en un objeto maldito, todo objeto encantado mediante conjuros, rezos y rituales se convierte en un talismán, amuleto, mara, para proteger y atraer la buena suerte. Así la Tierra posee dos frecuencias especiales de acuerdo con las vibraciones que reciba, tenga o le sean impuestas.

Embrujo… son lugares, objetos de cualquier índole, que han recibo un influjo o energía destructiva, convirtiéndose en lugares y objetos "**Malditos**"

Encantados… son lugares y objeto de cualquier índole que han sido encantados bien de forma natural, bien por hechizos, conjuros, encantamientos, se convierten en lugares y objetos "**Sagrados**" o mágicos.

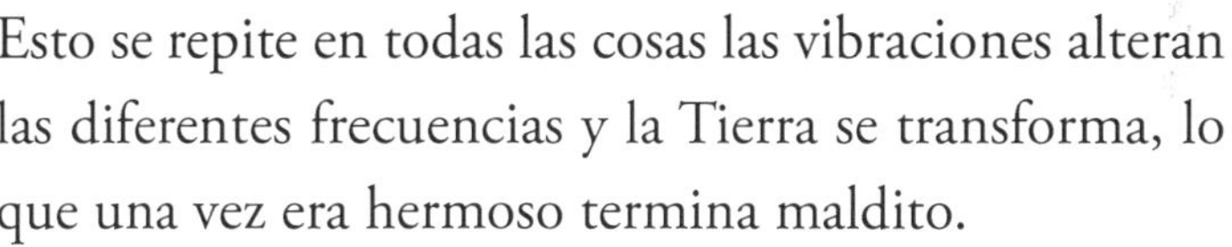

Esto se repite en todas las cosas las vibraciones alteran las diferentes frecuencias y la Tierra se transforma, lo que una vez era hermoso termina maldito.

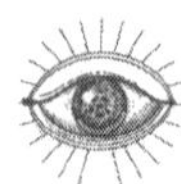

Señales

Todo comienza por una pequeña grieta, algo que toma vida y va creciendo con el tiempo, al inicio pasa desapercibida, pero viene con otras señales.

- Ruidos, gritos, lamentos, quejidos o arañazos.
- Sentir que los objetos se mueven.
- Sentir rechazo a un lugar.
- Percibir que las cosas envejecen o se oscurecen
- Las plantas se marchitan rápidamente
- La madera cruje a diferentes horas
- Sentir que la cama se mueve
- La pintura se salta por más que se arregle vuelve a caerse
- Los muebles, prendas, ropas toman un olor a encierro es un aroma peculiar fácil de identificar
- Las plantas parásitas aparecen, igual que alimañas

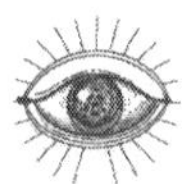

⛤ Puertas, botones, cerraduras, ventanas, se traban un mensaje que están “atrapando y encerrando”

⛤ Los vidrios, cortinas, pisos se oscurecen y crujen

⛤ Las telas se vuelven tirones todo oscurece

⛤ Se sienten pasos o presencias, algunas plantas sangran y las mascotas se enferman.

⛤ Aparecen insectos, moscarda y el moscardón, moscas azules y verdes mensajeras de la muerte.

⛤ Con el paso del tiempo, las energías se acumulan, atraen lo que es compatible con su vibración, alimañas, sombras, espantos, habitantes de la oscuridad, todas esas energías terminan por poseer el lugar o persona, a su vez para aumentar su poder generan esa frecuencia que causa miedo, pánico, y una poderosa atracción. (*Véase el Libro Encantamientos y Embrujos*)

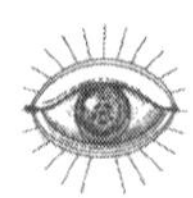

Contras

A pesar de todos los tratados de magia, y todas las experiencias vivenciales de magos y brujas, no existe alguna forma de "limpiar" o liberar un lugar embrujado de las energías que lo han poseído, o, donde han sido impuestas.

El riesgo es exponencial, al intentar armonizar un lugar embrujado se corre el riesgo de quedar infestado con las energías allí existentes, o al habitar o poseer algún objeto embrujado las consecuencias llegan a ser fatales.

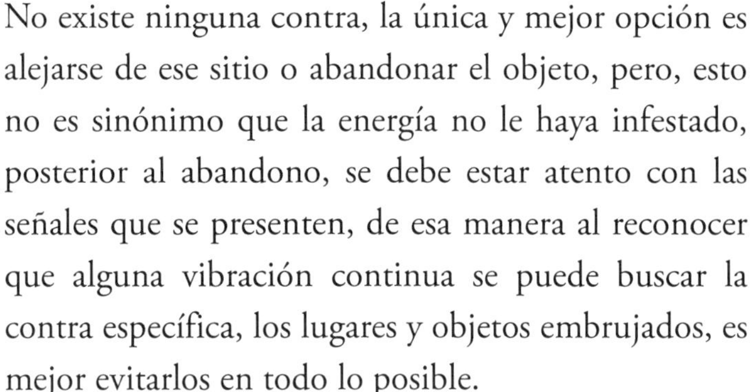

No existe ninguna contra, la única y mejor opción es alejarse de ese sitio o abandonar el objeto, pero, esto no es sinónimo que la energía no le haya infestado, posterior al abandono, se debe estar atento con las señales que se presenten, de esa manera al reconocer que alguna vibración continua se puede buscar la contra específica, los lugares y objetos embrujados, es mejor evitarlos en todo lo posible.

La energía de un embrujo, normalmente, no se desplaza del lugar en el cual se hospeda, pero, crea lazos o puentes sin importar la distancia el tiempo o el espacio.

Algunas personas motivadas por la aventura, curiosidad, osadía, retan este tipo de lugares u objetos, pensando equivocadamente que al alejarse todo estará normal, no es así, las energías forman tentáculos psíquicos creando conexiones difíciles de romper, para crear alguna contra, o neutralizar en algo la energía se requiere.

⛯ Si trajo algún objeto o recuerdo de ese sitio, le toca volver y depositarlo en el mismo lugar de donde lo tomo, luego abandonar el lugar de espada, al estar fuera del perímetro, desnudarse y enterrar todo lo que llevaba puesto, en el sitio bañarse con agua y sal.

⛯ Si tomó fotografías o videos de ese lugar, y siente energías debe borrarlos durante el mediodía, cuando el sol esté en su punto más alto.

⛯ Se sugiere bloquear cualquier tipo de recuerdo que le una con el lugar o el objeto.

⛯ Evite hablar del tema, cada vez que lo haga el puente psíquico se fortalece, puede llegar hasta el extremo que termine siendo poseído sin importar la distancia que exista o el tiempo.

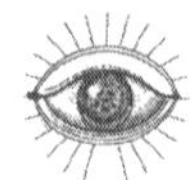

⛤ Se recomienda hacer rituales de protección, limpiezas, y obtener de una persona versada en los conocimientos mágicos, la preparación de un amuleto de protección.

⛤ Mantenga bajo su cama durante los siguientes días, un espejo ahumado y conjurado.

⛤ Como recomendación, busque un lugar encantado donde pueda armonizar su energía, pida permiso y obtenga algún amuleto natural, le puede ser de gran ayuda.

FUEGO

El sortilegio con el Fuego es algo un poco más complejo debido con la cantidad de representaciones que posee, el Fuego es considerado lo iniciador, en el mundo de las cosas, representa la llamas, velas, luces, el motor que mueve, electricidad, es el poder invisible, la fuerza dinámica que mueve todo, tanto a nivel mental como físico.

El problema es que es el único elemento que simultáneamente produce cambios, destruye para

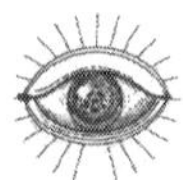

construir, transforma, cambia, calcina, pero a la vez genera, produce, crea.

En los hogares

Antes de suponer una influencia negativa, se deben buscar causas físicas normales. Si se ignora este aparte, todos los sucesos así no lo sean, se asumen como brujerías una mala decisión.

- En los hogares se identifica con las luces, cuando estas titilan se encienden y se apagan son presagios malas cosas están llegando o llegarán.

- Daño en los electrodomésticos u objetos que funcionen con energía, son señales que algo está actuando en su contra.

- Bombillas que al encenderlas se funden, más cuando ocurre en las madrugadas.

- Velas que chisporrotean o crepitan.

- Luces centelleantes que aparecen y desaparecen.

- Luces de color naranja normalmente, conocidas como candelillas.

- Olas de calor sin ninguna procedencia.

- Aumento de la temperatura ambiente o hipertermia, es altamente peligroso.

- Piroquinesis; aparición de fuego sin ninguna causa objetos que se queman sin producir llamas.

- Techos ahumados sin que exista ninguna fuente de fuego.

- Objetos que se vuelven ardientes, manijas, cubiertos, muebles, etc.

- Uno de los fenómenos del fuego que se producen no de manera común, pero altamente peligroso, la autocombustión espontánea, tanto de personas como objetos.

Toda alteración que corresponda con el elemento Fuego es indicador de la presencia de turbulencias psíquicas, influencias destructivas, brujería, entidades de las sombras, lugares embrujados o poseídos. (*Véase El Libro de las Sombras*)

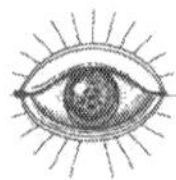

Contras

No existen contras contra este tipo de eventos, se debe buscar la causa que los origina, algo que en la práctica es muy difícil, definir la procedencia de una influencia ígnea es complejo y peligroso. Se debe estar pendiente con las demás señales, cada evento se produce por separado o en conjunto, siempre está acompañado de: ruidos, crujidos, presencias fantasmales, ataques psíquicos en sueños, luces flotantes, objetos que se mueven, es importante tener presente las horas en que ocurren los fenómenos, teniendo en cuenta que estos pueden ser cíclicos.

Ante la presencia del fuego en cualquiera de sus representaciones, la única contra posible es abandonar el lugar, la inestabilidad psíquica y los fenómenos pueden poner en peligro su vida. No existe en el mundo de la magia, contras para neutralizar estos eventos.

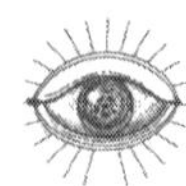

AIRE

Este elemento de altísimo poder es básicamente el vehículo a través del cual llegan las diferentes influencias negativas, representa el pensamiento, las palabras, los gestos, transporta los aromas, lleva los hechizos y conjuros.

Es el elemento más utilizado en la brujería, tanto para proyectarla como para percibirla, su vibración se altera con cualquier influencia.

Actúa en el plano mental y físico, produciendo alteraciones tanto para influir como para proteger. Las diferentes señales y contras del Aire dependen del plano en que actúen.

Plano mental

Todo pensamiento, deseo, conjuro, hechizo, oración, rezo, intención, etc. Se produce en el plano mental, y es irradiado al pensamiento mediante el elemento Aire.

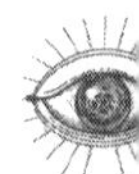

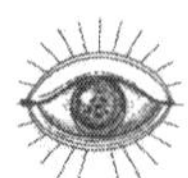

Las influencias negativas y destructivas que generan las alteraciones en la vida son proyectadas a través de los rituales sobre la psiquis de quien la recibe, estas son algunas de las señales de las influencias mágicas.

Es de recordar que el elemento Aire está representado en todo lo que rodea.

- Oleadas de aromas u olores fétidos.

- Suaves brisas, algunas frías que erizan la piel, otras cálidas que envuelven.

- Si se está realizando un embrujo en su contra: se percibe la fuente de este, un alumbramiento, se sentirá el calor y el olor del tabaco, incienso, madera quemada, hierba recién cortada, tierra mojada, etc.

- Si es un entierro, olor a cirios quemados: flores de cementerio, aguas estancadas, humedad, encierro, papel viejo, etc.

- Si usted está siendo velado: podrá percibir olor de velas apagadas, aromas dulces, mareos, sabor amargo.

- Si usted está siendo embrujado: podrá escuchar que lo llaman, silbidos, palabras o chasquidos, tener

pensamientos extraños, voces en su cabeza, despertarse todas las noches a la misma hora, aparición de estigmas o señales en la piel, machas, brotes, verrugas, lunares, sumado a la sensación que algo en su vida no encaja.

⛤ Si usted está siendo víctima de un amarre: desesperación por estar con la persona, pensamientos obsesivos, angustia, deseos sexuales descontrolados, pensamientos lujuriosos, impotencia, disfunción, frigidez, descontrol mental, falta de concentración, inestabilidad emocional, cambios de carácter, etc.

Toda influencia mental es el elemento Aire en sus miles de representaciones al igual que el infinito de posibilidades de influir sobre la mente causando alteraciones físicas de toda índole, hasta el extremo de producir la muerte.

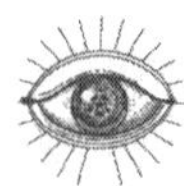

Contras

No existe una contra específica para todas las influencias, pero… lo primero que se debe obtener es un Talismán de protección, hará que los influjos se detengan y posteriormente iniciar con alguna de las siguientes sugerencias.

Se debe tener en cuenta que estas son realizadas por personas que conocen del mundo mágico y versadas en las artes, de lo contrario aventurarse a realizar rituales de protección sin el verdadero conocimiento es arriesgarse a quedar seriamente infestado, o, a abrir puertas difíciles de cerrar, creando un problema para usted y para la persona y no una solución.

La magia no es un juego, es la vida y el destino, es un poderoso poder tanto constructivo como destructivo. De igual manera, cuando acuda en busca de ayuda, investigue primero la trayectoria de la bruja o el mago y siempre observe que el interés no sea económico, no permita que lo estafen.

El elemento Aire es potencializado por el fuego, controlado por la Tierra y el Agua, así que esos dos

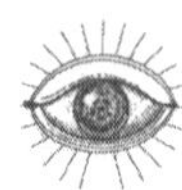

elementos son los que la bruja o el mago debe utilizar para neutralizarlo.

Pasos

- Lo primero que se debe realizar **para crear una contra**, es un sortilegio o lectura de la suerte de esta manera, conocer las diferentes alteraciones que posee la persona, para descubrir si la influencia es directa sobre ella, si es indirecta, cuando se transfiere de alguien cercano, o generacional cuando procede de la familia o es una influencia recogida (pegada) al visitar un determinado lugar.

- **Catarsis:** Luego del sortilegio es importante tener un diálogo, donde se liberen las pasiones y emociones al igual que los tormentos mentales, conocer el alma de la persona que sufre la influencia. En esto se debe tener en cuenta los principios de la magia, no juzgar, no condenar, no opinar, no negar, no escandalizarse por ninguna razón, respetar profundamente la libertad de actuar, no inducir o influir sugiriendo algo como bien o mal. Teniendo la mayor cantidad de información y mientras se comienza un control mágico.

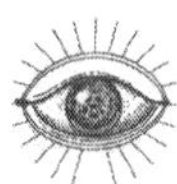

Como protecciones

⊛ Tres velas conjuradas para "quemar" los efluvios, se deben encender a las nueve de la noche, deben forma un círculo amplio, en el centro se coloca la persona que está siendo influenciada. Luego se recoge la cera y, formando una bola se le colocan tres alfileres de cabeza negra, se deja bajo la cama de la persona. Posterior, se deben ejecutar rituales de protección y limpieza.

⊛ Coloque un espejo redondo ahumado bajo la cama, de tal forma que la parte oscura enfoque la puerta de entrada de la habitación.

⊛ Ejecute un cierre mágico, debe hacer una trenza de seis hebras con lana negra, crear una tobillera y colocarla en el pie izquierdo.

⊛ Tome una fotografía de la persona de cuerpo en entero, dóblela de tal manera que puede sacar ocho partes, deje cada parte en ocho esquinas de la casa de habitación, esto se realiza mientras se ejecutan rituales de protección, limpieza y devolución de la magia irradiada.

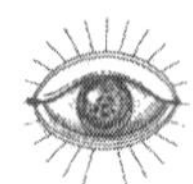

⛤ Consiga tres cascabeles o sonajeros, haga con ellos un móvil, colóquelo en la puerta del dormitorio.

Todas las brujerías actúan con el elemento Aire, todos los hechizos, conjuros, oraciones, rezos, embrujos, encantamientos, males postizos, son enviados mediante pensamientos.

Es importante, tener en cuenta que para poder "curar" a una persona encantada, se debe conocer el tipo de maleficio que está recibiendo.

Los cambios de personalidad, conductas agresivas, paranoia, psicosis y alteraciones emocionales suelen presentarse cuando las influencias atacan, se debe tener prudencia en el manejo de estas señales. Por ser procesos mentales de alto impacto se requiere antes de sugerir una brujería, un control médico que aborde otros temas fisiológicos, las alteraciones dinámicas a nivel neurológico se pueden confundir con brujerías, en esto hay que tener consciencia.

Plano físico

A diferencia con el plano mental, el Aire alterado o influencias físicas son más concretas, se representan estas alteraciones en todo lo que posee interacción con este elemento.

Señales

- Ventanas y puertas que crujen.
- Olores que aparecen por oleadas.
- Sonidos de gruñidos, rasguños y quejidos.
- Pesadez en el ambiente.
- Fuerte olor a madera humedad o tabaco.
- Cortinas que se mueven, sin que haya viento.
- Cortinas de humo que aparecen como niebla y se desvanecen formando figuras extrañas.
- Movimiento extraño de objetos.
- Paredes que se descascaran.
- Manchas en paredes, vidrios y puertas.

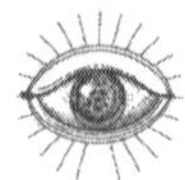

- Escobas que se parten repetidamente.

- Escobas que se mueven solas.

- Aparición de insectos acumulados en un solo lugar.

- Telarañas abandonadas.

- Ropa que se daña o se opaca rápidamente.

- Sonido del viento dentro de la habitación.

- Sentir que alguien respira, sin que haya nadie.

- Escuchar silbidos, o sonidos extraños que parecen provenir de todos lados.

- Movimiento desconocido de prendas, sábanas, cobijas, con presencias invisibles bajo estas.

- Sentir que respiran o soplan en su espalda

Contras

Todos los eventos de alteración del elemento Aire, indica que existe una fuerte influencia, la cual puede llegar a ser altamente destructiva.

Se debe analizar con cuidado el nivel de actividad o turbulencia psíquica, de esta manera, evaluar hasta donde realmente se debe intentar una limpieza o armonización y hasta donde es prudente abandonar el lugar.

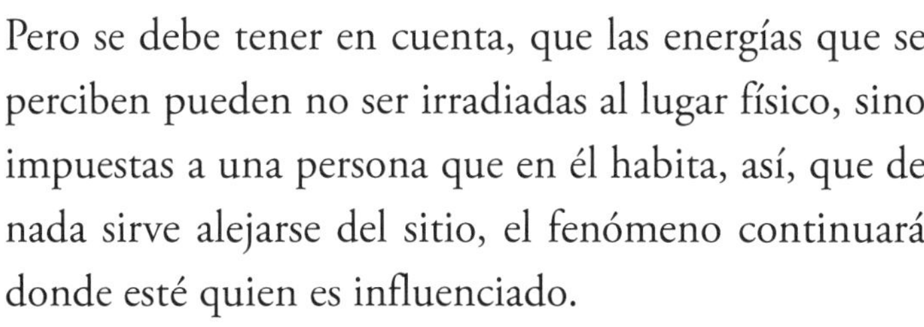

Pero se debe tener en cuenta, que las energías que se perciben pueden no ser irradiadas al lugar físico, sino impuestas a una persona que en él habita, así, que de nada sirve alejarse del sitio, el fenómeno continuará donde esté quien es influenciado.

Antes de hacer cualquier contra, se debe intentar buscar el origen de la influencia y se debe tener en cuenta las siguientes sugerencias:

- Cómo se inició el fenómeno, fue espontáneo, o un proceso lento.

- Se repite, es cíclico, esporádico, o es continuo.

- Los eventos se producen con mayor intensidad en la mañana, tarde o noche.

- Se presentan en la presencia de varias o personas de algunas en especia.

- Ocurrió algún evento extraño antes que se iniciara el fenómeno.

- Visitas inesperadas, regalos, obsequios, problemas con alguien, discusiones, separaciones, etc.

- Se debe investigar si el evento se producía con anterioridad en ese lugar, no importa si la edificación es nueva, se debe indagar que existía antes en ese sitio.

No existe una contra que anule este tipo de influencias, en ocasiones la única opción es abandonar el lugar, pero algunas sugerencias pueden neutralizar momentáneamente las energías, pero, no son la solución.

Se debe tener profundos conocimientos mágicos para intentar armonizar un lugar donde el elemento Aire está actuando.

Las siguientes sugerencias pueden servir de ayuda:

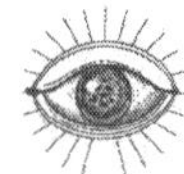

VELAS & MAGIA

Son el elemento Fuego, ayudan a armonizar las energías, las velas deben estar conjuradas o activadas mágicamente, de lo contrario terminan alimentando las influencias fortaleciéndolas.

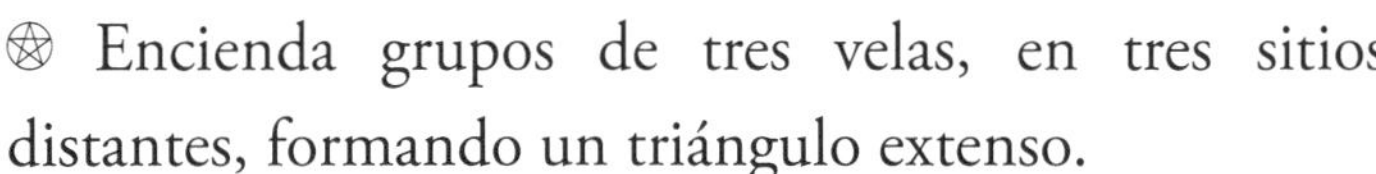

⛤ Encienda grupos de tres velas, en tres sitios distantes, formando un triángulo extenso.

Señales

⛤ Si las velas se apagan por sí solas: fuerzas poderosas están actuando, evite hacer limpiezas o interactuar con esa energía.

⛤ Si las flamas cambian de color: el lugar posee infestaciones difíciles de manejar, abandónelo.

⛤ Si las velas se caen o se parten: se está frente a una entidad o un eco psíquico, que probablemente necesita ayuda, busque entierros, baúles, o secretos que deben estar en ese lugar.

⛤ Si las velas chisporrotean: Usted está recibiendo influencias mentales a través de rituales de magia, analice sus actos, trate de encontrar un puente con alguien que puede estar causándole daño.

⛤ Si las flamas danzan como si existiera una corriente de aire, sin que exista: Apague las velas, y abandone ese lugar, evite entrar de noche, cuando lo haga tenga precaución de no quedar encerrado.

⛤ Con cucharas construya móviles en al menos los marcos de tres puertas, cuelgue tres cucharas por la mitad de los cabos, de esta forma, con el viento van a sonar, su movimiento armoniza las vibraciones.

⛤ Coloque en los marcos de puertas y ventanas, 3 trenzas de albahaca morada, déjelas allí y esté atento con las señales que se presenten.

⛤ Encienda inciensos durante las horas en que se perciben con mayor intensidad las sensaciones o influencias.

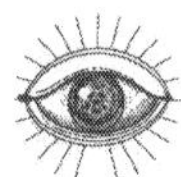

۞ Haga rituales de limpieza del elemento Aire con la escoba en las horas de la medianoche.

۞ Lave el lugar con sal marina y lavanda al amanecer, luego coloque pequeñas piedras formando círculos en siete lugares diferentes del sitio.

۞ Consiga una barra de cobre de unos diez centímetros y clave en el piso de la puerta de entrada del lugar.

۞ Consiga dos piedras redondas, preferiblemente de un río, colóquelas a la entrada de su casa, son el elemento Tierra, ayudan a armonizar el Aire.

۞ Con cuidado y sin a producir un incendio, haga un baño de humo en el lugar, en un platón coloque carboncillos, sobre ellos, agregue incienso, mirra, plantas dulces y amargas que consiga en la zona donde usted habita, algunas plantas deben estar secas y otras húmedas, cuando se quemen producen humo, con el humo incensé el lugar. (*Véase el libro La Magia de las Velas*)

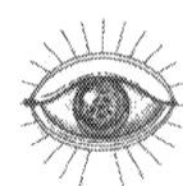

Armonización de los lugares

Todo lugar debe poseer elementos mágicos que ayuden a interpretar las diferentes señales de los sucesos que van a ocurrir o están ocurriendo, esto con el fin de conocer que energías se perciben antes que causen alteraciones.

Tomando en cuenta que todo da señales, es necesario tener los receptores que identifiquen las influencias, de acuerdo con los cuatro elementos las siguientes sugerencias y señales le serán de ayuda.

Para hacerlo es importante

⛤ Trate de mantener el lugar siempre en perfecto orden, así le será más fácil identificar cuando algo se altera o cambia.

⛤ Acostúmbrese al llegar la noche dejar su sitio de trabajo, hogar, cocina, estudio, y demás, limpios y ordenados, normalmente, durante la noche y hacia la madrugada es donde los eventos de alteración se presentan.

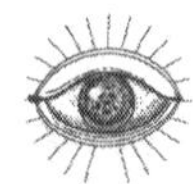

⛤ Mantenga limpias, ventanas, puertas, cortinas, limpiones, (En brujería los limpiones sucios son fuentes de ignición, producen incendios espontáneos).

⛤ Revise constantemente detrás de cuadros, alacenas, estufas, bordes ocultos de muebles, baños, cocina, bibliotecas, son los sitios predilectos donde se colocan medallas, fetiches, embrujos, etc.

⛤ Mantenga limpias las ventanas, cuando las entidades, brujas, o desgracias van a llegar el vaho deja huellas, solo se definen sobre los vidrios limpios.

⛤ Revise su sistema eléctrico, en el evento de una influencia negativa las bombillas titilan, debe ser consciente que no obedece a una falla eléctrica.

⛤ Revise, desagües, llaves, tuberías, en ocasiones son las primeras que se rompen causando grandes problemas, pero debe estar consciente que no obedece con una falta de mantenimiento.

⛤ Se sugiere mantener la escoba y elementos de aseo en perfecto estado, estos avisan cuando las energías cambian, entregando diferentes señales, se rompen, cogen mal olor, cambian de color, se ahílan o marchitan, se deshilachan, si bien puede obedecer a

defectos de fabricación no se debe pasar por alto las señales.

⛤ Todos los objetos hablan un misterioso lenguaje, cambiar de posición, color, tener movimientos propios, verse opacos, fracturarse sin ninguna causa, agrietarse, pinturas que se desprenden, sudores, etc., se debe tener en cuenta la procedencia de estos, así como observar los efectos que se han tenido luego de poseerlos.

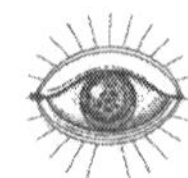

Señales de encantamientos

Los lugares y objetos encantados poseen una fuerte vibración, energías de alto poder concentradas tanto por la fuerza de la naturaleza como impuestas por algún hechizo o conjuro.

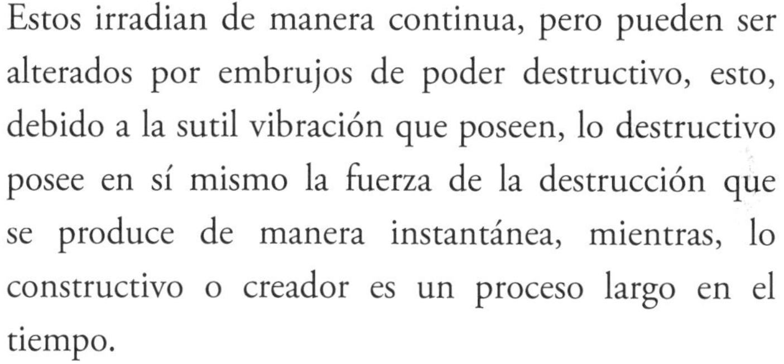

Estos irradian de manera continua, pero pueden ser alterados por embrujos de poder destructivo, esto, debido a la sutil vibración que poseen, lo destructivo posee en sí mismo la fuerza de la destrucción que se produce de manera instantánea, mientras, lo constructivo o creador es un proceso largo en el tiempo.

Los elementos encantados se convierten en talismanes, amuletos, protectores, aseguranzas, que producen la atracción de la buena suerte, pero es de

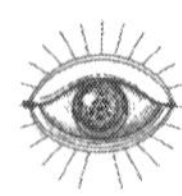

recordar que son los más codiciados, todo el mundo quiere poseerlos, y esto genera conflictos, desgracias, destrucción, envidias, celos, etc., Es por tal motivo que al poseer un objeto encantado que no se puede valorar en dinero, se debe ser total y absolutamente discreto sin revelar su presencia.

Mediante conjuros, hechizos, determinados rituales se pueden encantar lugar y objetos por una persona versada en las artes mágicas, para hacerlo prima la intención, la mente, el equilibrio que exista de manera espiritual, el uso de los elementos precisos para la ejecución de la operación mágica, bien para un objeto o bien para un determinado lugar donde llegue la prosperidad y la buena fortuna.

Un rezo, realizado con profundo amor, puede encantar a una persona para que obtenga beneficios a lo largo de su vida. Rituales que se realizaban en la antigüedad, pero, la religión anuló mediante el bautismo donde se crean fuertes limitaciones energéticas, antes, un niño al nacer era ungido en el poder de la protección, la historia de las hadas madrinas que aparecían para conjurarlo.

MUÑECOS MALDITOS

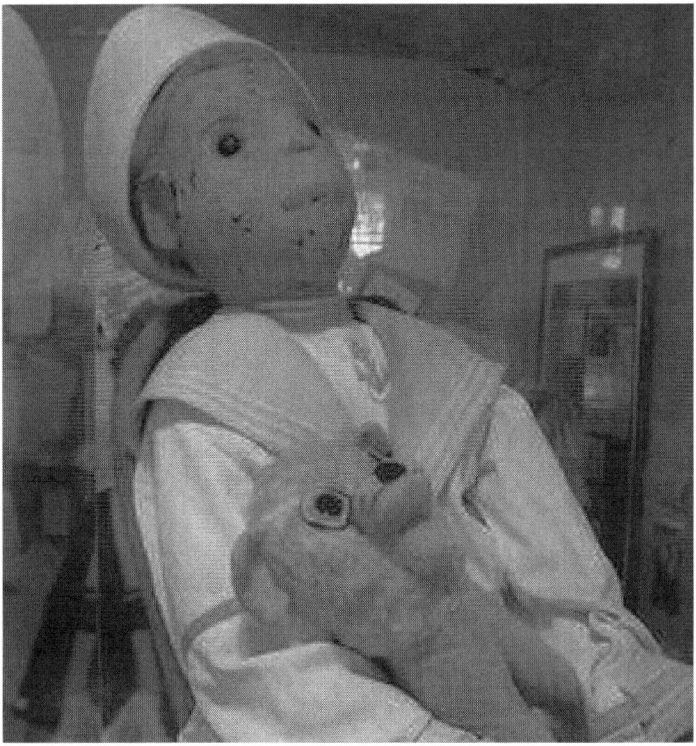

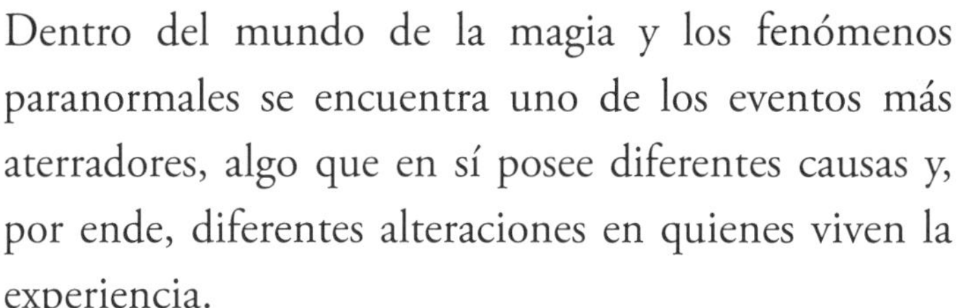

Dentro del mundo de la magia y los fenómenos paranormales se encuentra uno de los eventos más aterradores, algo que en sí posee diferentes causas y, por ende, diferentes alteraciones en quienes viven la experiencia.

No solo son historias o leyendas urbanas sino una extraña realidad, que en ocasiones llega a ser fatal, se presenta de manera inocente, va lentamente infestado

tanto los lugares como la mente de uno o más sujetos con los que interactúa normalmente inicia con los niños o personas con algún tipo de sensibilidad.

Los muñecos malditos se denominan así, por ser objetos inanimados que toman vida, el muñeco o muñeca poseen forma humana, al ser embrujados adquieren una extraña "vida" conocida como animismo.

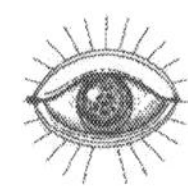

Animismo

En el mundo de las ciencias ocultas y con relación a la vida, se ha desarrollado el animismo evento por el cual se imprime un ánima o alma a un objeto o un ser, un soplo mágico que encarna algún tipo de entidad, evento que se produce tanto por inducción voluntaria como involuntaria, en ocasiones se presenta como una prolongación de la vida de un ser vivo.

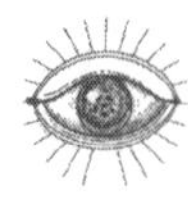

Este, ocurre por el sentimiento infantil profesado a muñecas o muñecos que con el tiempo adquieren vida propia.

Ahora bien, algunos muñecos son "atrapados" por entidades del mundo de las sombras, espíritus, fantasmas, seres desconocidos del mundo metafísico. Los muñecos al poseer un contendido afectivo por el cuidado o cariño de sus dueños, y, teniendo la representación humana, atraen este tipo de energías, las cuales poseen al muñeco y actúan a través de él, un evento altamente peligroso y macabro.

Es improbable conocer el tipo de entidad que posee un muñeco o muñeca, pero aleatoriamente, ocurren una serie de eventos como señales de las posesiones, ahora, en el evento que en el hogar existan diferentes tipos de muñecos sin importar de que estén hechos, todos son susceptibles de ser animados por la misma o diferentes energías.

Una posesión colectiva que puede terminar causando graves alteraciones o ataques físicos a quienes moran cerca de ellos.

Los muñecos han sido siempre el objeto más utilizado para crear hechizos de amor, utilizando la atracción natural que poseen algunas mujeres hacia ellos, son portadores de hechizos, amarres, conjuros de dominación.

Las niñas y las adultas llegan a generar una fuerte comunicación con algún muñeco en especial, este apego más el conjuro desencadena dependencias es influencias difíciles de presentir, se unifican al hasta el extremo de "animarlos" o darles vida de manera inconsciente.

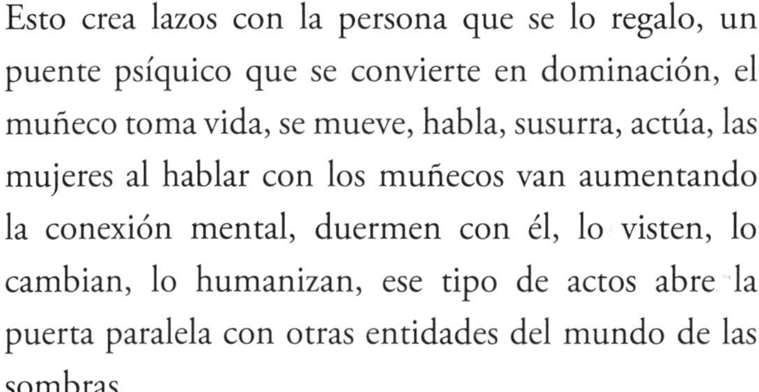

Esto crea lazos con la persona que se lo regalo, un puente psíquico que se convierte en dominación, el muñeco toma vida, se mueve, habla, susurra, actúa, las mujeres al hablar con los muñecos van aumentando la conexión mental, duermen con él, lo visten, lo cambian, lo humanizan, ese tipo de actos abre la puerta paralela con otras entidades del mundo de las sombras.

En la gran mayoría de infestaciones de energía se encuentran dentro de los muñecos, fetiches, maldiciones, amarres, atados, brujerías destructivas,

cosas que llevan años en un rincón de la habitación irradiando influjos nocivos.

Las niñas más que los niños son presas fáciles de este tipo de influencias, máxime si son muñecos que representan bebes o niños pequeños.

Lo que se ignora, consiste en que este tipo de juguetes de apariencia inofensiva genera en las niñas un estado de maternidad temprana, las almas o espíritus que rondan pueden sentirse atraídos a esta figura junto con el sentimiento maternal, y, de hecho, muchas niñas hablan con los muñecos, algo que se traduce en los supuestos "amigos imaginarios" que en la magia se consideran "entes reales".

Espíritus o entidades que encarnan en un muñeco.

En brujería, son utilizados para guardar almas de seres vivos, venganzas, odio, separaciones tormentosas, desamor, traiciones, son muchos los sentimientos que inducen a crear un mal en un hogar, a través de los muñecos, que pueden terminar alterando la vida, sin que nadie se dé cuenta, solo después de mucho tiempo, el inocente muñeco muestra su lado tenebroso.

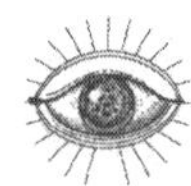

Señales

- Comentarios de los niños que dicen; que el muñeco les habla, les cuenta, los llama, los abraza.

- Desespero por estar con el muñeco a toda hora, dormir con él, vestirlo, cambiarlo de ropa, darle de comer como si fuera humano.

- Dar quejas que el muñeco hace o dice cosas que alteran a los niños.

- Sentir que los niños se despiertan asustados por tener pesadillas o miedo a algo desconocido.

- Ver que el muñeco cambia de posición cuando se queda solo.

- Ver al muñeco moverse o que sigue a alguien con la mirada.

- Sucesos anómalos que ocurren si alguien regaña al niño o le llama la atención.

- Niños que se enferman si se les quita el muñeco, o niños que aparecen con enfermedades después de recibir un muñeco.

⛤ Cambios de actitud y personalidad en los niños, miedo, angustia, ausencias, temores, aislamiento, pero no sueltan el muñeco.

Se podrían hacer una larga lista de los eventos y señales de los muñecos malditos, si bien no son todos los que hoy en día se pueden conseguir, son elementos inocentes que pueden esconder gran peligro o peligrosas influencias.

Estimular la maternidad temprana como un juego inocente es abrir puertas a otros mundos desconocidos de difícil manejo, tanto emocional, físico, como mágico.

Solo quienes han vivido el drama que sucede con este tipo de eventos comprenden la magnitud de un problema que puede bien dañar la vida de una niña o un niño.

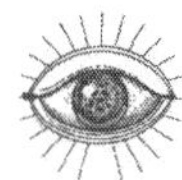

Sugerencias mágicas

Si bien, el marketing actual en el consumismo cada día aparece mejores muñecos, más humanos, robotizados, nadie sabe lo que ocurre en la mente de los niños y en las energías que actúan en el entorno, de igual manera, nadie sabe quiénes son sus enemigos, ni las intenciones que pueden tener, y la inocencia de los muñecos los hace ser un excelente vehículo donde ocultar la maldad.

Hoy, sin necesidad de brujería, son los muñecos los mejores lugares para colocar micrófonos y cámaras de video para espiar habitaciones. La nariz de este oso inocente es una pequeña cámara de video.

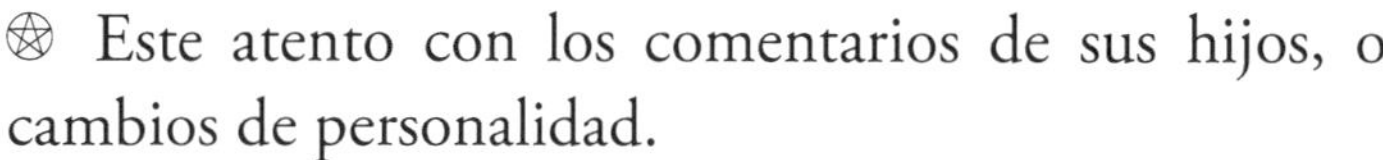

⛤ Este atento con los comentarios de sus hijos, o cambios de personalidad.

⛤ Busque dentro de los muñecos que posea objetos, bolsas, medallas, prendas, calcetines, atados, amarres, conjuros escritos, etc., si encuentra algo no lo queme ni lo saque de su hogar, debe buscar ayuda de una persona versada en la magia, que sea honesta, traté

de indagar siempre el pasado de las brujas o magos y dude de quienes muestran un interés desaforado por el dinero.

La misma energía maligna le puede llevar a lugares equivocados, donde en lugar de encontrar solución termina en más problemas.

- Este atento con las señales que ocurren en el hogar, evite al máximo la dependencia de los niños con los muñecos cualesquiera que estos sean.

- Se sugiere, otro tipo de juguetes, que estimulen la creación mental y no la prematura maternidad.

- Trate de manera constante ir sacando los muñecos que se van acumulando, cuantos más haya en el hogar, más fácil será una mala influencia.

- Antes de sacar los muñecos, así sea para regalarlos, revíselos, en el evento que tengan algún tipo de magia destructiva, así los saque, de su hogar, la energía seguirá actuando, es mejor conocer que algún suceso está ocurriendo, si saca el muñeco infestado más difícil será armonizar la energía.

Todo muñeco donde se encuentren objetos mágicos o brujería debe "cerrarse y congelarse" anulando su

influjo, esto lo hace una bruja o un mago conocedor de los cierres y los conjuros correspondientes, luego debe ser enterrado en un lugar aislado.

Contras

En el evento que se encuentre un muñeco "arreglado" o que se intuya que se mueve bien porque así se observe o por comentarios de los niños se debe realizar lo siguiente.

Consiga una bolsa de tela de color negro, dentro de la bolsa coloque una prenda por cada niño que haya en la casa, haga una especie de nido y dentro coloque el muñeco sin irlo a maltratar.

Luego amarre la bolsa sobre el muñeco con cabuya en las puntas coloque eslabones o cadenas que queden cerrando la bolsa.

Debe quedar bien amarrado, luego guárdelo bajo llave en un rincón de la casa donde lo pueda vigilar, debe estar atento con las señales que ocurran, pero, ante todo debe hacerlo sin que los niños se den cuenta, remplace el muñeco por otro juguete y si puede

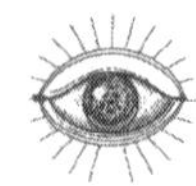

aléjelos de la casa, mientras se ejecutan los rituales con el objeto.

Las entidades actúan por atracción de energías, al estar cerca de las prendas de los niños identifican esa energía como propia, no diferencian vida con objetos, se han sintonizado y de esa manera se "duermen", pero es algo que da un tiempo prudencial para encontrar ayuda. Nadie sabe cuánto tiempo puede soportar el "atrapamiento" la energía puede desprenderse del muñeco y buscar otro elemento donde posesionarse, esto es una solución temporal.

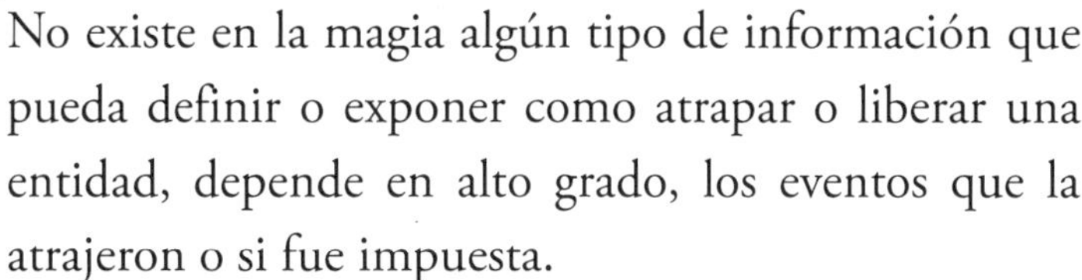

No existe en la magia algún tipo de información que pueda definir o exponer como atrapar o liberar una entidad, depende en alto grado, los eventos que la atrajeron o si fue impuesta.

Nunca involucre a los niños, si el fenómeno se presenta, sacar o destruir el muñeco no es sinónimo que la infestación se termine.

Es de aclarar, que no algo que se presente en todos los muñecos, ni que siempre ocurra, la anterior información es en el evento que este fenómeno suceda como señal de brujería o posesión.

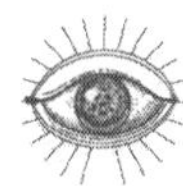

Todas las mujeres y hombres, antes de recibir un muñeco como regalo de "amor" deben desconfiar de la intención, las abuelas brujas sugieren prudencia, en ocasiones lo inocente esconde profundas maldades, sin embargo, no se debe llevar las cosas a los extremos, evite apegarse de estos objetos, son solo muñecos... téngalos por un tiempo y luego deshágase de ellos.

Y, por favor no humanice muñecos de plástico, así les tenga un valor sentimental.

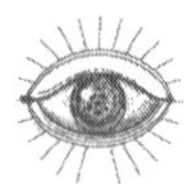

TULPAS (SPRUL-PA) Y ENTES DE BRUJAS

Existe en las leyendas y el mundo de las brujas la creación de seres animados, manifestaciones ectoplasmática, energías condensadas que actúan de acuerdo con la voluntad de sus creadores, pero, que en ocasiones se liberan actuando por sus impulsos, asumen consciencia propia.

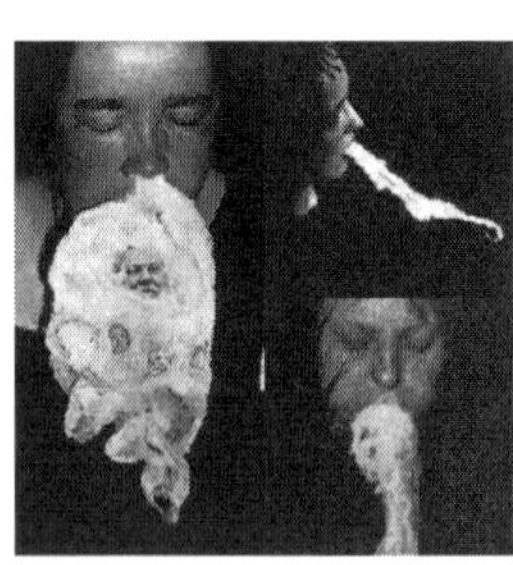

De cierta manera son parecidos al Golem, pero sin ser físicos, solo energía, son creaciones mentales de gran poder que actúan sobre el mundo físico, al parecer muchos de los fantasmas existentes son

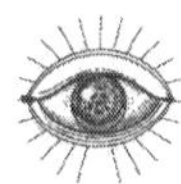

ectoplasmas dejados por los vivos, una "emanación fantasmal" o eco psíquico.

Sin embargo, se conocen recetas antiguas donde las brujas o magos, creaban estas sombras para atormentar lugares, se mezclaron con los duendes y seres metafísicos. Al paso del tiempo sin el poder que los creo se desvanecen, pero mientras existen crean daño y destrucción, lo primero que hacen es destruir a quien los creo.

Tal vez sea la razón por la cual hoy casi no existen, pero pueden aparecer, son entidades de las noches peligrosas, atacan la materia, no se puede definir entre un ectoplasma y una entidad oscura, o ser sombra.

Al nombrar entidades, se recomienda comprender que no son solo formas humanas, pueden tener cualquier forma, o ser invisibles, pero se percibe su presencia.

Solo existen conjuros de poder para exorcizarlos, sin embargo, se debe conocer bien, que tipo de entidad está actuando, lo que combate a unas, fortalece a otras.

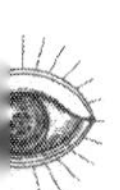

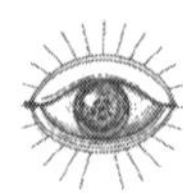

Señales

- Sentir presencias extrañas.

- Observar fluidos blancos que aparecen y se desaparecen.

- Escuchar voces tanto fuera como en el pensamiento.

- Sentir deseos de ejecutar actos agresivos o violentos o atentar contra sí mismo.

- Escuchar lamentos que viene de todos lados.

- Sentir que lo tocan, abrazan con algo que produce un extraño frío.

- Percibir o ver sombras reflejadas en los espejos que luego desaparecen.

- Ver figuras amorfas en forma de extrañas sombras que se mueven en las paredes.

- Ver o sentir que las puertas se cierran y se abren y los objetos vuelan de forma violenta.

- Despertarse en medio de la noche por sentir que algo lo perturba, le quita las cobijas, lo sacude.

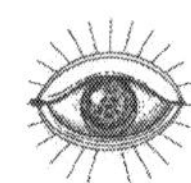

⊛ Luces que titilan.

⊛ Interferencias en la comunicación remplazadas por gruñidos, sombras, gritos, respiración agitada.

⊛ Aparición de estigmas, rasguños, moretones, marcas desconocidas sobre la piel

No existe ningún contra conocido contra este tipo de ataques, algunos conjuros o rezos pueden aplacar las energías, pero no desterrarlas.

Son atraídas por quienes viven estados alterados de consciencia, rituales mágicos mal elaborados, invocaciones, suciedad, objetos malditos con gran carga energética.

Lugares oscuros, sombríos y abandonados, donde hay poca actividad humana, bosques, laderas, ríos, quebradas, etc.

Se debe evitar interactuar con estas entidades, se corre el riesgo real de quedar sin alma, muchas personas despiertan sin tener conocimiento de quienes son, se convierten en zombis o entes.

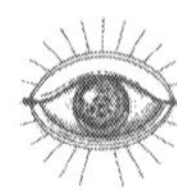

Nadie puede definir la frágil línea que separa la ciencia de la magia, muchos de estos síntomas también ocurren en desórdenes mentales, consumo de alucinógenos, daño cerebral, estados profundos de pánico, pérdida de la razón, locura, paranoia, esquizofrenia, bipolaridad, etc.

Es complejo definir lo que separa la magia de la ciencia, en los profundos e inexplorados laberintos de la mente y la energía. Sin embargo, la recomendación siempre es la misma, antes de abrir la puerta al mundo de la magia se debe buscar ayuda clínica, descartando

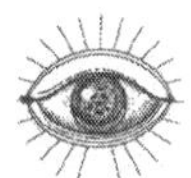

las alteraciones físicas se puede pensar en otras influencias, algo que es y ha sido muy difícil de definir.

Algunas brujas y magos conocen el uso de determinadas plantas que pueden restablecer la salud mental, no son fáciles de encontrar, ante el posible evento de un ataque de entidades creadas, lo mejor es recurrir primero al sistema de salud, luego se puede intentar.

⛤ Atar la cama con lana negra debe ser de oveja negra, no tinturada, se ata en las cuatro patas formando un cuadrado de protección.

⛤ Bañar a la persona con plantas oscuras o negras, como son flores de tulipán, eléboro negro, hierba negra, el baño se realiza durante la noche de plenilunio, se deben pronunciar los conjuros y rezos recomendados, no se transcriben por ser propiedad de las viejas brujas.

⛤ Usar aseguranzas conjuradas.

⛤ Velas sagradas.

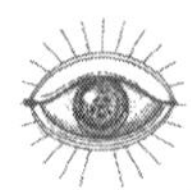

- Lavar la casa con agua de río recogida de espaldas al cauce, usar una escoba nueva la cual después del ritual se debe arrojar a un cauce de agua.

Toda interacción con, fantasmas, seres sombra, entidades de la noche, ectoplasmas, apariciones, son peligrosas, hasta el extremo de ser fatales.

Evite al máximo hacer invocaciones si no conoce sobre necromancia y espiritismo, abrir estas puertas puede llevar a una desgracia que perdura toda la vida.

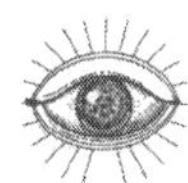

Influencias psíquicas

Las influencias psíquicas y físicas, no se producen espontáneamente, tienen un proceso de anidación.

Influir, es una alteración preconcebida con un fin, en el caso de las brujerías, estos influjos son mentales y físicos.

Toda influencia es generada por un fuerte sentimiento de odio, venganza, envidia, deseos de causar daño y destrucción.

El deseo de causar daño obedece con algún tipo de evento que lo ha generado, nada pasa porque sí, de alguna manera se ha producido una alteración, es importante observar, analizar, recordar, que tipo de

eventos pudieron causar sentimientos en contra y con quien sucedieron.

Ahora, las influencias son directas o indirectas.

Directas; cuando la persona ejerce un sentimiento destructivo hacia otra, realizando determinados rituales, bebedizos, hechizos, daños a la propiedad, alteración de objetos para incomodar o crear malestar.

Tramar, planear y ejecutar determinadas acciones ilegales, robos, secuestros, envenenamientos, estafas, bloqueos, grabaciones, etc., con tal de causar daño.

Son miles las formas y las intenciones que se generan en la mente de quienes se consideran ofendidos o alterados o que han desencadenado una apatía total hacia alguien.

Desafortunadamente son las personas cercanas, las que tienen acceso a la intimidad, esto les permite conocer debilidades, secretos, claves, modos de vida, lo que les facilita el accionar, de igual manera obtener elementos con los que pueden causar daño, fotografías, videos, cuentas, cambiar o anular alarmas, y, de igual forma imponer objetos, alterar y modificar elementos, hacer

entierros de brujería, medallas, fetiches, tejidos de alta brujería, cierres, bloqueos, bien lo dice la abuela bruja… "No existe peor enemigo, que el mejor amigo"

Indirectas; la gran mayoría de personas evitan hacer las cosas directamente a nadie le gusta ensuciarse las manos, es cuando recurren a terceras personas, no les importa pagar grandes sumas con tal que "otros" hagan el trabajo.

Es cuando encontramos, en el área que nos ocupa, las personas que "mandan a hacer trabajos de brujería"

Y, existen las brujas y magos, que hacen esos trabajos, deambulan en el mundo de la oscuridad no tienen reparos, aprovechan las oportunidades sin importar el daño que puedan causar.

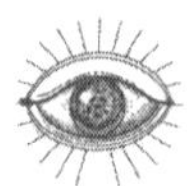

Es aquí donde resaltan las preguntas

- ¿La brujería o influencia regresa a quien la envió o creó?

- ¿Quién paga dinero por hacer un trabajo de magia, no recibe castigo?

- ¿Es verdad que todo mal se devuelve por tres?

- ¿Una bruja o un mago pueden causar la muerte?

El infinito de preguntas obedece con el concepto mental de la justicia humana y natural, una forma de encontrar un bálsamo en la espera que quien ejerce una influencia destructiva reciba un castigo.

Pero… una cosa es el pensamiento y otra la realidad, la vida y la naturaleza no toman partido en las decisiones humanas.

Con base en la energía, toda la que se irradia es atraída nuevamente a quien la creó potencializada por las demás energías.

En otras palabras, una brujería que causa dolor, luego de producir el fin por la que fue irradiada, regresa a

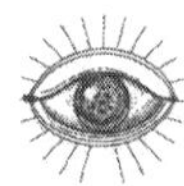

quien la generó, pero aumentada por el dolor liberado de quien la ha recibido.

Ahora bien, si la magia fue realizada directamente, esa persona recibirá el influjo nuevamente.

Pero… Si la energía fue liberada por tercera persona o cuando se manda y se paga por producir el daño, el asunto es diferente, la energía regresa a la bruja o el mago, con más fuerza, pero la bruja y el mago la evitan mediante las artes mágicas y la devuelven a quien pago por el trabajo.

Eso quiere decir que pagar por un trabajo de brujería, es pagar por crearse un mal peor que aquel que mando a hacer.

Toda brujería destructiva busca la destrucción, esto incluye la vida, por ende, puede producir la muerte.

No existe en la magia una forma de irradiar una energía en mayor o menor frecuencia e intensidad, solo perdura el poder del deseo, causar daño o no causarlo, con esta premisa ¿Cómo definir la magnitud del daño, o detenerlo en un parte? No existe daño pequeño o grande, es daño y con la brujería crece.

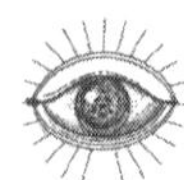

Tomando en cuenta, que la energía aumenta al alimentarse del dolor que va causando, de esta forma, se hace más fuerte cada vez. Así que no hay daño pequeño.

Si bien nadie hace algo en contra de alguien sin ningún motivo, se presentan eventos de sintonía y contagio donde la brujería "salta" de un lugar a otro, o de una persona a otra u otras.

Pero… la mala noticia es, para que una brujería retorne, se requiere de mucho tiempo, o que otra bruja o mago genere la contra y la devuelva.

Ahora, existe el problema más peligroso de la magia, la infestación de energías, no le han hecho directamente un embrujo, pero termina embrujado sin ninguna razón aparente.

Antes de asumir una brujería, impuesta o transferida, es importante reconocer un embrujo.

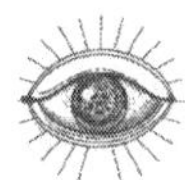

Razón, percepción y sentimientos

Para esto se debe tener claridad mental y ser objetivo, en ocasiones las emociones llegan a generar un embrujo que se siente, se percibe, aún ocurren fenómenos que demuestran su influjo, pero realmente no existe.

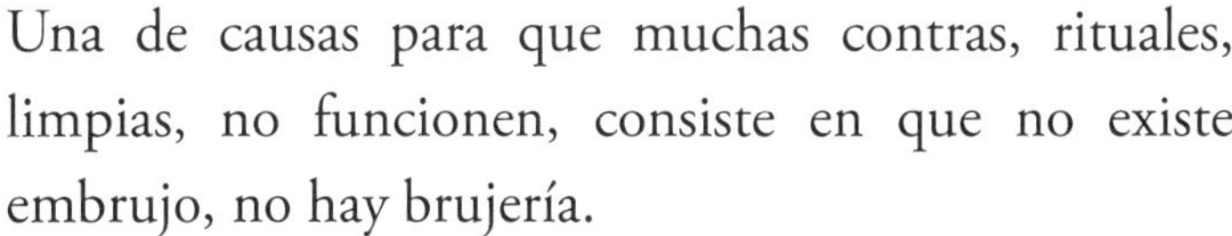

Una de causas para que muchas contras, rituales, limpias, no funcionen, consiste en que no existe embrujo, no hay brujería.

Tanto la bruja como el mago evalúan y bajo los comentarios o sortilegios, aparece que existe una energía que está alterando la vida, pero esa "brujería" es creación mental de quien se supone embrujado.

No es la intención de la bruja o el mago de obtener beneficio económico, solo que es muy complicado

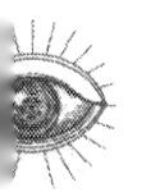

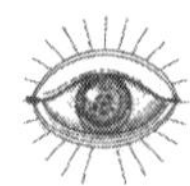

y difícil de determinar, ya que, la brujería como tal es real, pero su origen está en la mente de quien asume tenerla. Existe una brujería, pero no impuesta sino creada como justificación a determinadas circunstancias de la vida.

Al tratar de evitar la radiación o influencia, las contras, los rituales, las limpiezas, amuletos, talismanes y demás, no tienen efecto, no hay brujería.

Puede parecer al inicio contradictorio, pero si alguien supone estar embrujado y crea una brujería en su plano mental, las contras y demás elementos de protección, no destruyen ni bloquean la propia creación.

Es allí donde se debe ser analítico y evaluar con cuidado los diferentes tópicos, pero, esto asume un peligro implícito, la brujería creada y supuesta que es real para quien la siente, puede convertirse en realidad tanto para la bruja, mago, y demás personas que le rodeen.

Al fortalecerla de esta manera, y, al retornar la persona vivirá profundas amarguras. ¿Qué hacer?

Razón

Antes de asumir una brujería se debe evaluar los fenómenos adyacentes, toda influencia mental o física los produce, pero, las brujerías autocreadas, los producen de manera diferente.

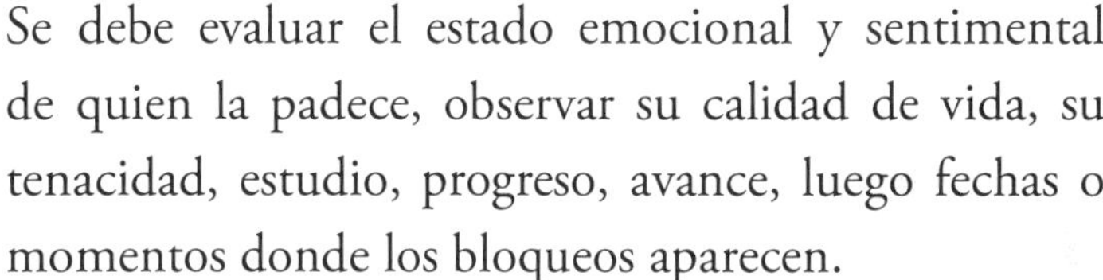

Se debe evaluar el estado emocional y sentimental de quien la padece, observar su calidad de vida, su tenacidad, estudio, progreso, avance, luego fechas o momentos donde los bloqueos aparecen.

Las diferentes señales son importantes, aparición de objetos, fetiches, riegos, espejos, objetos mágicos, estos son visibles en las bujerías impuestas, pero no existen en las brujerías creadas.

Nadie va a poner medallas u otros objetos para auto embrujarse.

Es importante tener fotografías del lugar donde la persona habita y así observar cómo vive, limpieza o desorden, etc.

En ocasiones las personas con problemas afectivos, soledad, incapacidad, despecho, fracasos, falta de interés, en su mayoría suponen que sus alteraciones son causa de influencias y no por negligencia.

Sin embargo, no sobra que ante estas personas que indudablemente requieren ayuda, la bruja y el mago deben protegerse para evitar que esa influencia los contamine.

Contras

Lo mejor que se puede hacer ante este tipo de situaciones, es inducir en la persona que ejecute rituales de protección, pero acompañados de acciones, trabajo u ocupaciones mentales, en circunstancias más complejas, se debe hacer ***una atadura mágica*** de la persona para que no se haga más daño, la cual no debe ser mayor a tres lunas llenas. Se utiliza ***pociones de cierre y abundancia.***

¿Cómo se hace una atadura mágica?

Elementos

- Cinta encantada (*solo una bruja o mago versado en la magia puede encantar*)
- Aceite de: ***Óleum sanctus virtute*** (aceite del poder sagrado)
- Tres alfileres
- Se toma una prenda de la persona y se ata con la cinta, diciendo:

Tu mal ha sido atado
Nada daño te podrá causar
Venga de donde venga te podrá dañar
Cierro esta brecha para que no pueda pasar,
con este atado, salvada estas.

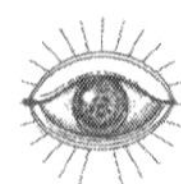

Se deja máximo por tres lunas llenas, luego se desata y la prenda se lava a la medianoche. Si el problema persiste se debe buscar ayuda con otras opciones. La persona que considera estar embrujada así no lo esté, nunca aceptara no estarlo, es igual que las personas que padecen enfermedades psicosomáticas, no tienen nada, pero siempre están enfermas y eso les ayuda a estar llamando la atención.

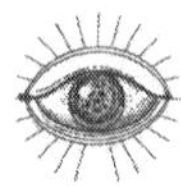

INFESTACIÓN

Uno de los más peligrosos eventos en el universo de la magia, es la infestación de energías parásitas o influencias negativas.

Solo se perciben cuando se está infestado, difíciles de tratar, complicadas de liberar, infestan todo lo que las rodee, altamente destructivas.

Básicamente son brujerías indirectas, pero, aumentadas en poder, lentamente oscurecen la vida, atraen problemas, conflictos, dificultades, las cuales se presentan eslabonadas, una atrae otra, esto confunde y altera las emociones, induce el insomnio, la pereza, la dejadez, hasta que destruye la vida.

Como su infestación es lenta y progresiva, se tiende a aceptar la situación, se habitúa a las dificultades, se ignora la influencia, se percibe como la vida va cambiando hacia lo negativo.

Por eso, se sugiere siempre estar pendiente de las señales, hacer balances, mirar que cosas van cambiando, que llega o aparece, como son los conflictos, antes que la infestación tome fuerza, las contras, los baños, las

protecciones, las velas, los rituales, son de gran ayuda al detener la influencia. No existe en la magia un ritual específico para todas las infestaciones, estas provienen de diferentes orígenes, por ende, cada una es tratada por separado.

En todas partes se encuentra, en la nueva persona que llega a su vida puede venir "cargada" de energías alteradas, un empleado nuevo, una nueva amistad, un lugar, una casa, un auto, etc., Todo posee energías, las cuales se deben evitar si se está atento con las señales.

Señales

- Días después de conocer a alguien se presentan sucesos extraños que producen alteración.
- Percepción, presentimientos o corazonadas, que algo raro está pasando.
- Sensación de incomodidad al visitar un determinado lugar
- Botones o aseguranzas que se rompen
- Voces en la cabeza
- Manchas en la piel de origen desconocido

- Ansiedad y depresión espontánea

- Todas las cosas tienden a salir mal, una detrás de otra

- Caída del cabello sin causa justificada

- Aparición de insectos y sueños relacionados

Toda infestación es susceptible de anular, si se realiza a tiempo algunas contras y limpias, pero, es de aclarar que se requiere de un "sortilegio" o lectura de la suerte para poder definir de donde proviene la infestación.

Esto se logra visitando una bruja o un mago o persona versada en las artes, recuerde "***Nadie puede hacerse una lectura o sortilegio así mismo***"

Existen excelentes brujas y magos que lo pueden guiar, el intentar interactuar con este tipo de energías sin tener conocimiento para controlarlas, puede terminar creando una turbulencia mágica, muy difícil de armonizar.

Ahora, es importante conocer de donde provienen las energías, en el siguiente aparte veremos los diferentes canales de infestación y contras.

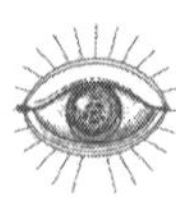

INFESTACIÓN POR ENTIDADES INVISIBLES

Existen seres que no son físicos, pero actúan en el plano material, algunos altamente peligrosos, actúan tanto sobre las cosas como sobre la psiquis. No se deben enfrentar, ni obedecer, ante la presencia de estas entidades se debe salir de ese lugar inmediatamente, pero existe el riesgo que las energías se "peguen" y lo sigan a donde vaya.

Causas

Son variadas y diferente procedencia.

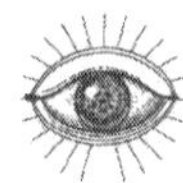

Las más comunes

- Un conjuro leído en un libro antiguo abre las puertas al mundo de las sombras y las entidades, estas, quedan en el espacio donde son atraídas atormentado a sus moradores.

- Invocaciones de muertos, por cualquier medio, ouija, dados, médiums, oraciones, peticiones, o, conservar cenizas, restos humanos, objetos de personas fallecidas.

- Vivir en o cerca de lugares embrujados.

- Poseer, comprar, aceptar, objetos infestados de conjuros o maldiciones.

- Realizar rituales de necromancia.

- Vivir en lugares donde han ocurrido tragedias, suicidios, venganzas o torturas.

- Utilizar ruinas para decorar.

- Asociarse o compartir eventos de la oscuridad.

- Hacer sacrificios en búsqueda de poder.

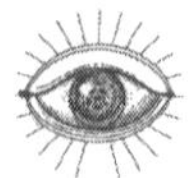

- Estas energías pueden ser impuestas por quien conozca el arte de dominarlas.

- Estar maldecido.

- Usar símbolos prohibidos, exclusivos de la magia, son llaves que abren puertas al inframundo.

- Poseer elementos infernales, libros, anillos, cadenas, cajas mágicas, monedas de oro encantadas.

Todas las cosas de una o de otra manera producen una conexión energética con entidades, algunas inocuas, otras alteradoras, otras protectoras. La existencia de una implícitamente atrae las demás.

Señales

- Tormentos en sueños, pesadillas, sentirse atrapado, tener parálisis e impedir despertarse, aunque se está consciente, en los sueños las entidades transportan el espíritu al caos, este tormento produce miedo, angustia, desesperación, esta energía alimenta la entidad.

- Sentir sin ver, percibir que es observado, sentir la densidad del aire donde vive, ser consciente que "algo" extraño sucede.

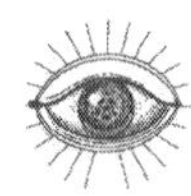

Estas sensaciones se producen tanto al amanecer como hacia el atardecer, en ocasiones existen suaves contactos, sonidos, susurros, soplos, luces, imágenes instantáneas en espejos y puertas.

⛤ Físicamente, se presentan eventos Poltergeist, desplazamiento de objetos sin control, sillas que se mueven, puertas que se abren y se cierran, cajones que vuelan, levitación, autocombustión sin que exista fuego, piedras u objetos desconocidos que vienen de ninguna parte, materializaciones espontáneas de insectos, alimañas, excremento, etc.

⛤ Desaparición de objetos, que luego aparecen en otros lugares, alimentos que se dañan en un día, leche cortada, mantequilla, frutas, pan, llamas que cambian de color.

⛤ Aparición de insectos, olores, dibujos, o paredes que gotean o la pintura se cae formando extrañas imágenes.

Sentir pasos, respiración, jadeo, arañazos, golpes en las puertas que vienen de todos lados, inclusive amanecer con marcas en la piel. Ser atacado sexualmente y de forma violenta por un ser invisible.

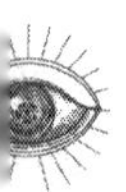

Los fenómenos de Poltergeist son altamente peligrosos pueden causar la muerte o el suicidio.

Contras

Las siguientes sugerencias le pueden ayudar en ocasiones estas energías desencarnadas abandonan los lugares, cuando perciben eventos mágicos que las desplazan o encierran.

Pero bajo ningún motivo, las desafié o traté de exorcizarlas, (eso solo lo puede hacer un conocedor de magia) y menos con cualquier tipo de religión o credo, misas, curas, agua bendita, santería, rezos, oraciones, conjuros, no tienen efecto y si las altera. Las energías se combaten con energías.

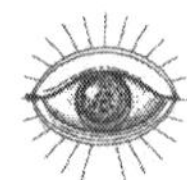

Las únicas que no se pueden liberar ni desalojar, son las que han invadido un lugar al cual usted llega, son "propietarias" es un lugar ya embrujado y la infestación es perpetua. En esas condiciones en mejor no habitarlo, puede terminar en desgracias.

SOMBRAS

Son las entidades de la noche, en la vieja religión se habla en los textos de la presencia de estos seres con forma de humanos, bultos, manos, figuras amorfas, animales, sábanas, etc., su aparición viene acompañada de alteraciones, miedo, angustia, pilo erección, (piel de erizada) hipotermia o baja de la temperatura.

No interactúan con los humanos, si con las mascotas o animales, se ven físicamente, salir de una pared y atravesar otra, o simplemente verlas por minutos flotando en un lugar para luego desplazarse.
Aparecen y se siente cuando se acuestan al lado de quienes duermen, una razón para brindarle atención a los comentarios de los niños, quienes las perciben más fácilmente.

En algunas ocasiones estas sombras son "avisos" que en ese lugar existen otro tipo de entidades, entierros,

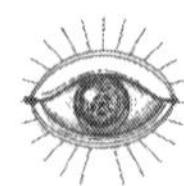

guacas, muertos, fugas de gas, o alguna situación que puede terminar en tragedia.

Se deben evaluar las demás señales aleatorias, todo lo que se salga de lo normal es una, un poco de atención y serenidad, le permitirá reconocerlas.

Contras

Como es lógico, la luz aleja las sombras, el uso de tres velas conjuradas colocadas formando un triángulo en el lugar donde haya aparecido, cierra el portal, se deben colocar a las nueve de la noche, evitando siempre producir un incendio.

Al hacerlo se debe esperar por tres días, sin retirar los restos de las velas, debe estar atento con, flores que se marchiten, objetos que se rompan, bombillas que explotan o se funden, electrodomésticos que se dañan, la energía al quedar atrapada debe salir por algún lugar, si el evento continuo se repite lo mismo, si aumenta se debe buscar ayuda mágica.

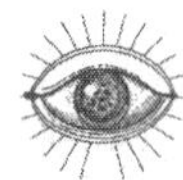

FANTASMAS

A diferencia de las sombras los fantasmas poseen la imagen del cuerpo que tenían en vida, quedan atrapados en el lugar donde murieron y no pueden desplazarse fuera de ese sitio.

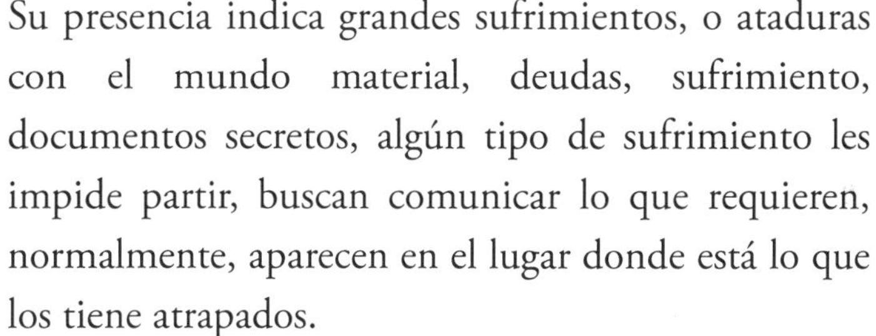

Su presencia indica grandes sufrimientos, o ataduras con el mundo material, deudas, sufrimiento, documentos secretos, algún tipo de sufrimiento les impide partir, buscan comunicar lo que requieren, normalmente, aparecen en el lugar donde está lo que los tiene atrapados.

Pueden tornarse agresivos o violentos haciendo ruidos, o arrojando cosas, su presencia no es constante obedece con un ciclo, si se les ayuda encuentran el sendero, se deben buscar nichos secretos, entre las

paredes, peldaños de las escaleras, dentro de cajones, siempre existe algo escondido donde aparece.

Debe tener cuidado con lo que encuentre, en ocasiones son las osamentas de los cuerpos que han sido enterrados en ese lugar, pero, al hacerlo usted sentirá que la energía no está.

El único fantasma que no puede abandonar este plano es el de los suicidas, permanecerán para siempre.

Contras

Háblele amablemente, sea sereno, controle el pánico, no grite o insulte, si grita y se asusta, él reacciona, coloque cuadros con luz o amaneceres, todo lo que ilumine, lámparas, velas, cosas brillantes dejadas en diferentes lugares, siembre flores dentro de su hogar, encienda pebeteros o vaporizadores con fragancias de bosque.

Indague, averigüe de quien se puede tratar, o los sucesos que ocurrieron en ese lugar, por alguna extraña razón usted está unido a ese ser, nada pasa por casualidad. Debe también revisar su vida, alguna lección está aprendiendo.

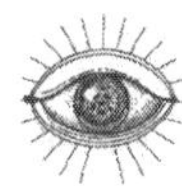

Evite de todas las formas posibles buscar contactarlo por medios artificiales, como grabadoras en busca de psicofonías, tabla ouija, médiums, puede atraer otro tipo de energías y no la del fantasma.

Invite a que se comunique a través de los sueños, o de señales que le indiquen que desea.

Si los eventos se tornan diferentes, puede ser un fantasma atrapado por otras entidades, esto lo convierte en un aviso del peligro que corre su familia, se presentan fenómenos extraordinarios, a los cuales debe hacerles caso, si la casa toma o siente que está viva, abandónela. Contra esas entidades no hay forma conocida de enfrentarlas.

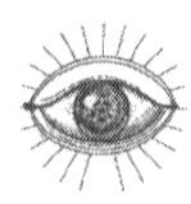

ESPÍRITUS

Están en todas partes y son de diferentes vibraciones, inquietos, sabios, sanadores, tormentosos, alegres, agresivos y sexuales.

No se pueden ver, ni como sombras ni como fantasmas, en ocasiones son una gaza pasajera sin forma. Su presencia se percibe por el cambio de energía que es inconfundible se siente cuando llegan, no están atrapados en un solo lugar, pueden viajar "pegados" a las personas u objetos.

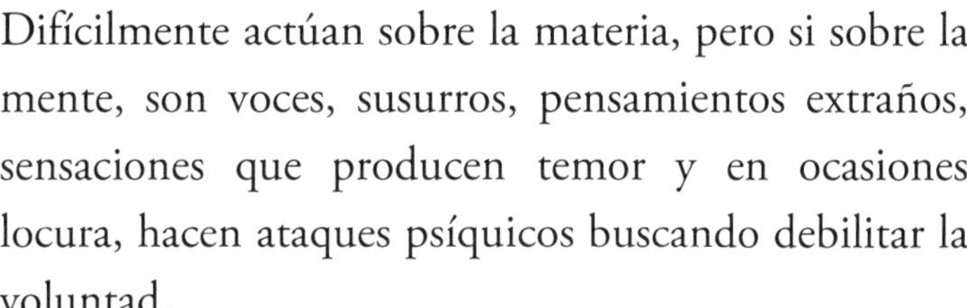

Difícilmente actúan sobre la materia, pero si sobre la mente, son voces, susurros, pensamientos extraños, sensaciones que producen temor y en ocasiones locura, hacen ataques psíquicos buscando debilitar la voluntad.

Algunos son psíquicamente agresivos llegando hasta el extremo de alterar la personalidad induciendo a cometer actos aberrantes.

Se meten en el pensamiento, a esto se le denomina posesiones. Se requiere de autocontrol, saber que algo

está “empujando” mentalmente a tomar decisiones equivocadas.

Se percibe un cambio fuerte en la personalidad, ausencias, soledad, abandono, negligencia, suciedad, pesadillas, angustia, coloquios solitarios, o hablar con una entidad invisible.

Los espíritus provienen de dos fuentes.

⛤ Del mundo etérico, astral espiritual, unidimensional, de seres desencarnados, o entidades de diferentes vibraciones.

No están regidos por el tiempo o el espacio, son inmateriales, no alteran la materia sino la mente, y a través de la influencia mental pueden hacer que una persona produzca fenómenos de turbulencias psíquicas.

Es importante aclarar que, cualquier influencia psíquica o mental puede producir “alucinaciones o visiones” de algo que en la realidad no exista y solo se encuentra en el plano mental, así, algunas personas “ven” apariciones.

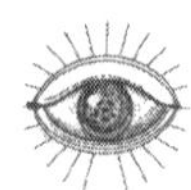

⛤ Otros provienen de personas que bajo un entrenamiento y conocimiento de las artes liberan el espíritu para "viajar" e influir sobre la mente de otros. Tales como vampiros psíquicos, brujas, magos, telépatas, o personas que realizan de manera involuntaria un desdoblamiento, el caso de los tanatonautas. (*Véase el libro Desdoblamiento Astral*)

A diferencia de los espíritus astrales o etérico, estas entidades causan un evento específico sobre la mente y la energía de quienes son influenciados, bien para la sanación o bien para la destrucción.

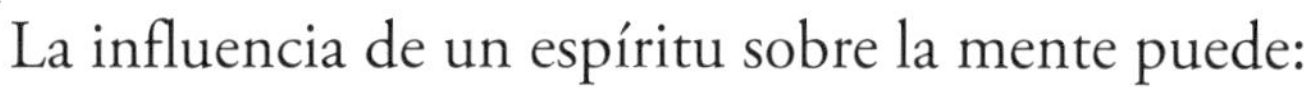

La influencia de un espíritu sobre la mente puede:

⛤ Transportar el espíritu y llevarlo a profundas y macabras pesadillas.

⛤ Hacer que el espíritu abandone un cuerpo y sea atrapado en otro lugar, evento que ocurre con frecuencia en personas que al despertar no tienen consciencia ni alma. Muchas alteraciones mentales pueden proceder de este influjo.

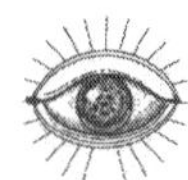

⊛ Crear o generar enfermedades mentales o alteraciones las cuales posteriormente se somatizan como enfermedades físicas, sin que realmente existan.

⊛ Crear o imponer pensamientos obsesivos, celos, dudas, violencia, actos aberrantes, pensamientos extraños, deseos prohibidos.

⊛ Generar sueños contantes de eventos aterradores.

⊛ Generar sanaciones mentales y físicas.

⊛ Inspirar o inducir a un cambio positivo en la vida.

⊛ Alterar o cambiar un sentimiento opresivo por libertad mental.

⊛ Transformar sentimientos o emociones básicamente todo tipo de alteraciones sin que el influenciado se dé cuenta o sospeche del influjo.

Señales

- Se percibe cuando una energía llega o se va.

- Intranquilidad, zozobra, episodios de tristeza y miedo sin causa aparente.

- Voces en la cabeza que en ocasiones no se calman e inducen a determinados actos, como la flagelación.

- Saber o identificar sucesos lejanos sin un conocimiento previo.

- Hablar lenguas extrañas o ejecutar acciones desconocidas como escribir o hablar al revés.

- Dificultad para saber si ha tenido un sueño o una visión.

- Insomnio.

- Despertarse varios días seguidos a la misma hora.

- Tener pensamientos incontrolables de deseos reprimidos.

- Soñar con números del azar y acertar.

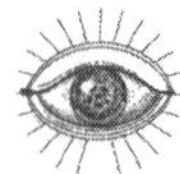

⊛ Percibir sufrimientos en otras personas o situaciones de peligro.

⊛ Sentir las mismas sensaciones de otras personas.

⊛ Viajar en sueño o desdoblarse.

⊛ Percibir olores tanto agradables como desagradables.

⊛ Tener alucinaciones con insectos, figuras macabras o ver reflejos en los espejos.

⊛ Sentir suaves y agradables brisas con aromas desconocidos.

Es difícil en la magia identificar la vibración de los espíritus, pero, de acuerdo con la experiencia, estos son atraídos por las vibraciones mentales, alteración, mal genio, desprecio, atrae espíritus de ese nivel, armonía, amor, serenidad, atrae espíritus de esa vibración.

Contras

Lo primero que se debe hacer es: "identificar" que tipo de vibración posee la energía que se percibe, y esto se sabe mirando los pensamientos que llegan, las intenciones, inspiraciones y deseos.

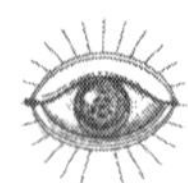

Si son de altas vibraciones amables y armónicas

Se debe realizar lo siguiente:

⛤ Sobre la mesa de noche se debe dejar una flor, un vaso con agua hasta la mitad, una gota de miel sobre una cuchara, una vela apagada preferiblemente conjurada.

Durante nueve días se debe dormir al revés o contrario, pase las almohadas a los pies de la cama. Se debe dejar siempre una libreta y un lápiz, pueden aparecer números, letras, sellos, u otras notas, aún más, puede sentir el deseo de colocar el lápiz sobre el papel y otra mano escribe a través suyo.

En algunos tratados de la antigüedad se llegó a sugerir que estos espíritus podrían ser ángeles.

Esto lo debe realizar cuando siente la presencia, puede percibir una suave fragancia a flores, sentir que le invade un sentimiento de paz y armonía, sentir una especie de sueño reparador, percibir que en el entorno hay algo armónico.

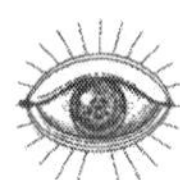

Espíritus de bajas vibraciones o alteración

Debe identificar qué tipo de pensamientos, deseos, acciones llegan a su mente, que no son causadas por sus anhelos.

Tendencia a la agresividad, hacer o inducir a hacer algo prohibido, debe revisar la secuencia de imágenes que llegan a su mente planeando sucesos destructivos.

Los espíritus de bajas vibraciones inducen a actos desproporcionados que van en contra de su vida y puede llegar a ejecutar algunos de ellos, en algunos tratados de la antigüedad se llegó a sugerir que estos espíritus bien podrían ser demonios.

⛤ Coloque en las muñecas y tobillos de la persona cuatro aseguranzas de cuero mascado con sal.

Tome tiras de cuero haga una trenza larga, másquela con sus dientes y sal, luego colóquela anudada no apretada en muñecas y tobillos.

Si la persona reacciona negativamente y se las arranca, busque ayuda de una bruja o mago versado en

liberación de energías, recuerde que ese espíritu puede saltar a otra persona.

Es muy importante que tenga en cuenta que: Algunos desórdenes mentales, estados de alteración, estrés, angustias, pueden hacer sugerir la presencia de un espíritu, siendo un problema netamente psiquiátrico, por ende, "***Siempre evalué las dos probabilidades***"

Coloque en las paredes símbolos u objetos en los cuales usted tenga fuertes creencias que le pueden ayudar.

Contras Lukumí o Santería

⛤ Bañe a la persona con agua de coco al amanecer

⛤ Sople tabaco sobre la persona, pidiendo que sea liberada (se pueden presentar eventos paranormales)

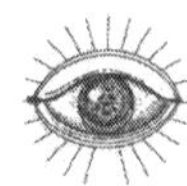

⚝ Saque las cobijas y sábanas al sol del mediodía, y fustíguelas con plantas amargas, usando palabras fuertes pidiendo que salgan las malas energías, en el libro "**Oraciones Mágicas**" encuentra algunas que le pueden ayudar.

Cambie a la persona de lugar de vivienda, pero observe las demás señales que se presentan, casa puede estar ya embrujada o poseída por una entidad.

Si mejora en otro lugar, eso es indicativo que es la casa la que tiene esa mala energía y se sugiere abandonarla.

Aunque los exorcismos ayudan estos debe ser ejecutados por expertos en magia, preferiblemente brujas o magos que posean ese conocimiento.

Igual existe la transferencia de energías o espíritus, lleve a su casa un palomo, no paloma, un palomo blanco, debe ser totalmente blanco, envuélvalo con una prenda de quien está sufriendo los cambios.

Páselo cerca de todo el cuerpo como si lo limpiara, dele agua al palomo y manténgalo así hasta el amanecer siguiente, en las horas matutinas, déjelo libre.

Quienes viven este tipo de influencias, no consiguen ayuda fácilmente, es muy difícil actuar y saber actuar la desesperación aumenta, es importante mantener la calma.

Si usted considera que tiene fuerza interior y su alma está en paz, intente realizar este exorcismo, pero debe asumir que tenga las capacidades espirituales y lo mueva el amor verdadero para hacerlo.

Los espíritus habitan la oscuridad y la penumbra tanto la física como la mental, es importante el uso de las velas en todos los rituales de protección y contra que se realicen, las velas o flamas sagradas deben estar previamente conjuradas, de lo contrario no tendrán ningún efecto. ***Alterar las energías espirituales sin los elementos necesarios es generar mayor turbulencia paranormal.***

Acueste a la persona, ate con sábanas sus manos y pies suavemente, pero evitando que se pueda soltar, eso con el fin que si se torna agresivo o agresiva no pueda causar o causarse daño. Usted tiene el poder interior, su espíritu está encarnado y el espíritu huésped no, va a inducir al espíritu encarnado del poseso, para que expulse al espíritu que lo atormenta. Básicamente es

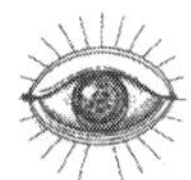

darle "fuerza" para que luche y se libere. Un espíritu ante una fuerte decisión de rechazo no tiene cómo quedarse.

No es con fuerza física que se libera, es con concentración mental, la siguiente oración repetida constantemente da el poder.

Trate de reunir al menos tres personas en la parte de afuera de la alcoba coloque tres escobas formando un triángulo, rodee la cama haciendo un círculo de sal o un cuadrado. Esta oración posee dos partes, una la que dice o recita el que esté enfrentando la entidad, y dos el coro de los que están afuera.

Omnipotente poder celeste, fuerzas oscuras,
rincones de luz que fluyen desconocidas,
invoco vuestra presencia y aleja te pido esta
criatura

Coro se repite siete veces

Libra el cuerpo del ente que lo ocupa, que
salga que termine la tortura que se marche
ya, que se marche ya, que se marche ya.
Te exorcizo espíritu de sombras

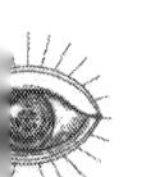

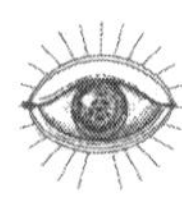

Te ordeno que abandones este cuerpo
Busca refugio en la luz que te atrae

Coro siete veces

Llega sin detenerte entra en ella, entra en ella, entra en ella, entra en ella.
Nada te une con esta criatura
Sal ahora de este lugar
Busca la luz que brilla en la oscuridad

Coro siete veces

Llega sin detenerte entra en ella, entra en ella, entra en ella, entra en ella.

Coro siete veces

Rompe tus cadenas tú lo puedes lograr
Expulsa al extraño que no te atormente más.
Libra el cuerpo del ente que lo ocupa, que salga que termine la tortura que se marche ya, que se marche ya, que se marche ya.

Todo se repite por nueve veces sin importar lo que ocurra, recuerde que la persona puede hablar, vociferar, insultar, cuanto más se le ignore, más pronto se libera.

Es importante aclarar que no se debe confundir una enfermedad mental o alteración de la consciencia con una posesión, igual se debe estar preparado mental y físicamente para cualquier acción que se presente, no existe ninguna forma mágica de identificar las energías con las cuales se vaya a enfrentar.

En el evento que se presenten determinadas alteraciones o actividad sobrenatural, no abandone a la persona, pero no exponga su vida.

De igual manera no sobra mencionar, se deben buscar objetos o elementos que hayan llegado al hogar, estos pueden ser recipientes de espíritus impuestos. Nunca arriesgue su vida, si no conoce de magia al enfrentar estas entidades.

SERES METAFÍSICOS

De igual manera existe la infestación por energías o entidades que se encuentran entre el plano material e inmaterial, forma parte del mundo Feérico, o seres, o criaturas de la naturaleza, tales como duendes, gnomos, hadas, orcos, trasgos, etc.

Señales

Estos pueden alterar los espacios físicos cambiando objetos de lugar, produciendo ruidos y movimientos bruscos, o atormentando a sus moradores.
Pueden actuar sobre las personas, rasguños, moretones, trenzar el cabello de las mujeres, esconder las cosas, crear alteraciones paranormales.

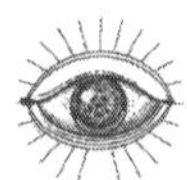

Pero, también llegan a producir beneficios si son tratados con amabilidad, dejando regalos, como anillos encantados, escarcha de oro, flores mágicas, tréboles y monedas de oro.

Estos seres responden con las vibraciones que tienen las personas al vivir en un lugar encantado, no aparecen de manera habitual, pero pueden ser atraídos cuando se tienen figuras que los simbolizan.

Pero, depende la intención de los moradores, cuando molestan, están en conflicto con las energías de quienes allí habitan, atormentan hasta que hacen que abandonen el lugar.

Contras

No son los contras sino el cambio de vibración mental las que logran un determinado control sobre los seres feéricos, pero, se pueden aplacar colocando imágenes similares, mejor si son conjurados por una bruja o un mago.

Estas representaciones les son familiares, al dejarles, miel, leche, vino, ron, licor, flores como lavanda, una chispa de oro junto con tabaco picado, los aplaca.

Pero más que estos elementos que pueden ayudar se requieren de un cambio emocional y temperamental, vivir en lugar donde existen, es vivir en un lugar de altas vibraciones naturales o encantado, esto lleva a dos extremos, gran riqueza y abundancia o grandes penurias. Depende de cada cual.

Nunca intente atrapar, amarrar, enjaular un ser del mundo feérico, fuera de ser muy difícil, se atraerá hacia usted energías muy complejas de manejar altamente destructivas. Sea prudente la magia no es un juego.

FECHAS DONDE LA BRUJERÍA ES MAYOR

Antes de ingresar con las demás infestaciones, se debe tener en cuenta que la brujería actúa en fechas específicas.

De igual manera actúan las contras, por eso es importante conocer las horas, días y fases lunares de las influencias.

Las brujas y magos utilizan los diferentes influjos naturales para potencializar sus rituales, indistintamente que sean para sanar o para enfermar.

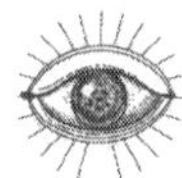

Días y horas de mayor influencia

Toda bruja o mago antes de realizar un influjo, busca conocer los hábitos de quien quiere hechizar, a qué horas se levanta, a qué horas come, a qué horas duerme, cómo es su forma de vida, a qué le teme, qué le gusta, en qué momento está más distraído, en qué periodo es más vulnerable.

Este conocimiento le es aportado por quien desea que se haga un ritual o quien desea hacerlo directamente.

Los días

Domingo

Los domingos por la tarde: son las horas más depresivas donde se es altamente influenciable, son horas perezosas y lánguidas donde la ensoñación produce ese estado ideal de un semi trance.

En ese periodo entre el atardecer y la medianoche, es cuando se crean influencias para ejecutar amarres, imponer atracción, hacer cierres o congelamientos, hacer alumbrados para desesperar, tabaquear, embobar, endulzar, manipular para obtener beneficios, enredar destinos.

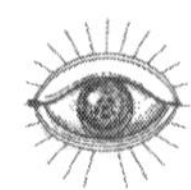

Los domingos al atardecer son "peligrosos" la mente se aquieta el cuerpo se relaja, vienen los recuerdos, se conecta psíquicamente con el trabajo pendiente, con los ausentes o se desea lo prohibido.

Fuera de esto, su mente consciente está distraída viendo televisión o en un paseo o salida, normalmente, ejecutando acciones monótonas, al hacerlo la puerta a su energía está totalmente abierta.

Es en ese momento donde la influencia adquiere más poder, se debe estar atento con las oleadas de sentimientos que aparezcan, tristeza, depresión, apatía, mal genio, así como hacer sortilegios o lecturas de la suerte.

Contras

Al percibir determinadas influencias a través de la corazonada, siempre se debe tener una vela de gárgola conjurada que ahuyente los espíritus y los enemigos, la cual se debe encender dentro de tres círculos de sal, los cuales se ejecutan previamente, en

el centro se coloca la vela y se enciende, se debe estar atento con las señales que ocurran tiempo después que la llama se extinga.

⛤ Es uso de un espejo conjurado bajo la cama, donde se pueda ver la imagen de la entrada de la habitación, sirve de una poderosa contra, quien esté influyendo negativamente sobre usted.

⛤ Dormir desnudo es otra contra, pero dejando la ropa que uso ese día en un rincón, envuelta en una funda usada, esto funciona como un fetiche, debe desatar la ropa al amanecer o de lo contrario corre el riesgo de crearse una atadura. Esto no se debe realizar de forma constante, de hacerlo todo se tranca.

⛤ Se recomienda como prueba, dejar tres círculos pequeños de sal en la cocina sobre el mesón, luego se debe comprobar si están rotos, esto es indicador de fuertes y peligrosas energías, si los encuentra abiertos, amontonados o no están.

En el evento que las señales indiquen que existe una poderosa influencia, debe buscar ayuda no intente combatir las fuerzas, excepto que conozca de magia.

Lunes

Son los días ideales para influir bien para la buena fortuna y suerte, o para crear la mala.

La mente está alterada, las ocupaciones del inicio de semana, los problemas, la pereza, la incertidumbre, son los días apetecidos por las brujas y magos para alterar los destinos, crear problemas y confusión, invocar a Stragus el duende que produce estragos, generar discusiones, alterar y cruzar destinos. Todo se puede complicar fácilmente si la brujería o influencia se realiza los lunes, tanto en el ambiente laboral, salud y amor.
Las horas propicias al atardecer cerca del poniente (*Véase el libro EL Reloj de las Brujas*)

Contras

Evitar este tipo de influjos es complicado, solo puede tener una protección temporal, igual que en el anterior, utilice solo una prenda íntima la cual debe atar con una cinta negra dejándola debajo de su almohada, sirve como fetiche, pero, únicamente se usa para comprobar las señales de las influencias, al hacerlo debe estar atento durante los siguientes días

con los diferentes sucesos que ocurran, la energía al llegar al "fetiche" aumenta en influencia, olores, problemas, bloqueos, insomnio, manchas en la piel, caída del cabello, comida que se pudre, objetos que se pierden o daños en herramientas de trabajo.

Igual debe estar atento con su relación pareja, evite discutir, pero observe que produce las discusiones. De igual manera debe hacer un análisis de su vida, quienes son sus "enemigos o enemigas" así como tener presente con quienes se hayan tenido problemas desde tres meses atrás.

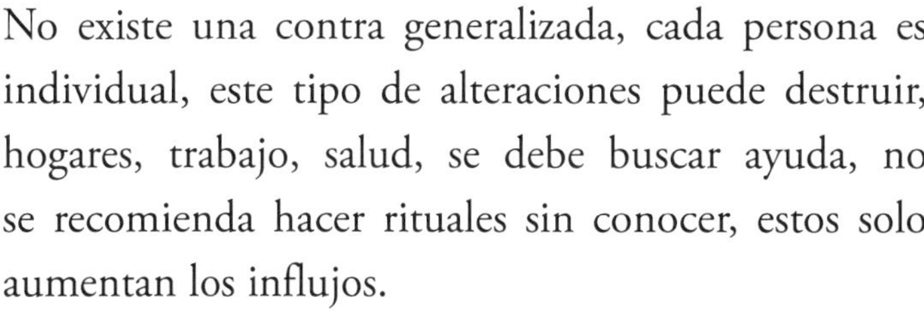

No existe una contra generalizada, cada persona es individual, este tipo de alteraciones puede destruir, hogares, trabajo, salud, se debe buscar ayuda, no se recomienda hacer rituales sin conocer, estos solo aumentan los influjos.

Martes

De por sí es un día mágico, es calmo en la mañana; turbulento en la tarde, la mente está agitada, estresada del lunes, es el día de las confusiones, por ende, es cuando se buscan respuestas, se recurre a los sortilegios o lecturas de la suerte.

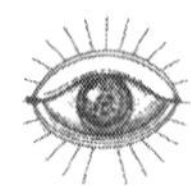

De igual manera es el día elegido por las brujas y magos para producir alteraciones y es cuando las señales sobresalen, al existir influjos estos se revelan quizá por la misma ansiedad de descubrir futuros, las energías se magnifican.

En el atardecer la mente es más perceptiva, de hecho, es el día cuando se descubren las traiciones, engaños, problemas, procesos jurídicos, y esto tiene su razón de ser, el lunes se presentan los eventos y al otro día se descubren.

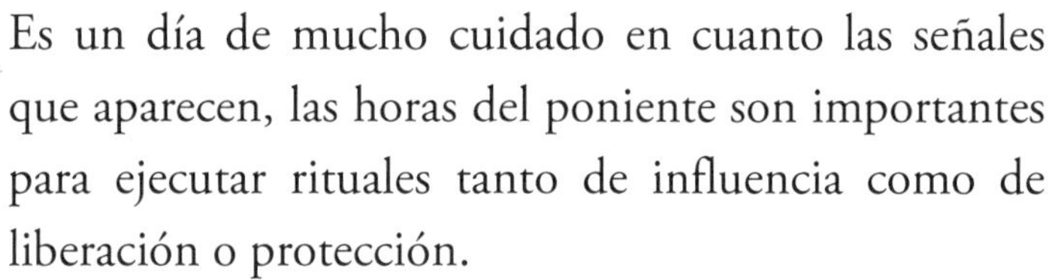

Es un día de mucho cuidado en cuanto las señales que aparecen, las horas del poniente son importantes para ejecutar rituales tanto de influencia como de liberación o protección.

Contras

Durante una fase de luna menguante, cuelgue un móvil conjurado, pueden ser: Tres cucharas colgadas o tres monedas, o tres tenedores, igual se recomienda un móvil hecho por las brujas o atrapasueños.

Se recomienda, estar pendiente de los eventos "olvidados" servir de fiador, haberse retrasado en

pagos o acreencias, estar involucrado o involucrada en alguna relación tormentosa, etc.

Visitar brujas o magos buscando respuestas, puede terminar infestándose de las energías de otras personas recibiendo los influjos negativos, siempre que visite brujas o magos, deben ser conocidos y nunca, nunca, acepte invitaciones para ir a visitar sitios desconocidos, en ocasiones, amigos o amigas, que sugieren lecturas, buscan a quién transferirle las malas energías.

Vamos a que nos lean los naipes, el tabaco, etc., Ese tipo de invitaciones que no son por su deseo, pueden terminar alterando su vida. De hacerlo, deshágase de los zapatos que haya usado, y busque protección mágica, un talismán o amuleto, le serán de gran ayuda.

Quemar las velas de las tres Moiras Sagradas, puede ayudar para evitar que su destino se vea alterado.

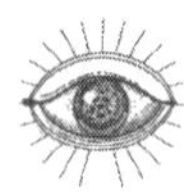

Miércoles

Mitad de semana, cansancio, aburrimiento, mal genio, afán, es el día donde todo se acumula, hogar, trabajo, estudio, quehaceres, programar el fin de semana, la mente está absorta en otras acciones menos en sí mismo, al alejarse de su "yo" pensando en las ocupaciones es el momento ideal para los regalos, detalles, insinuaciones, influencias indirectas, programación, favores, manipulación, etc., las brujas y magos conocen este evento y lo usan para crear, imponer o retirar hechizos y males postizos, por algo el miércoles al atardecer todo tiende a complicarse.

Contras

Si sospecha que exista la posibilidad de estar siendo embrujado, lo siguiente le puede ayudar, solo se ejecuta una vez y se deja durante un mes lunar.

El miércoles luego de ducharse, contémplese en el espejo, corte un limón macho por la mitad (tiene un solo ombligo en un extremo) la mitad la deja en la cocina entre un pocillo, con otra mitad contemplando su imagen sobre el espejo rodea su imagen con el

limón, haga de cuenta que está pintando su reflejo, no vaya a lavar el espejo durante el próximo mes lunar.

La mitad usada la desecha, debe estar pendiente todos los días más en las horas del poniente, los cambios que sufre la mitad que deja en el pocillo.

- **Si se pudre:** Fuertes energías le están atacando.

- **Si se endurece:** Atraviesa por un mundo de muros y obstáculos.

- **Si se madura y tiene buen aroma:** la fortuna llegará a su vida luego de situaciones difíciles.

- **Si madura y tiene mal olor:** su vida está en crisis debe buscar ayuda.

No existen contras colectivas que a todos les sirvan cada caso es individual, pero debe observar con quien comparte su vida y que personas nuevas han llegado, alguien de malas energías está cerca de usted.

Debe conocer si la influencia es para crecer o para decrecer, los pensamientos y las emociones son un buen medidor de las energías que se reciben. Así como mantener la calma para estar atento con las diferentes

señales, es de recordar que usted recibe un influjo específico que se magnifica durante determinados días, eso permite intuir que tipo de alteraciones está recibiendo.

Jueves

El día menos dinámico de la semana preámbulo del descanso, la mente cambia de pensamientos ahora se programa para el fin de semana y el inicio de la siguiente, la relajación de hace presente, la pereza aparece, la mente más serena es susceptible con las sugestiones, el día de la belleza, los arreglos, compras y estrenes, al ser un día de atenciones se presta para las influencias externas, tentaciones, caprichos, negocios, azar, inducir a cambios, insinuar propuestas, la mente está abierta y es altamente influenciable.

Es el día para "programar" la mente, ofreciendo premios, ayudas, las cuales abren la puerta con los diferentes intereses un día que las brujas y magos aprovechan para "abrir la puerta mental" a los influjos, a través de personas cercanas a quien se quiere influenciar.

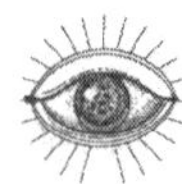

Contras

Normalmente, no obedece a una brujería como tal, pero, sí a influencias de terceras personas con intenciones de causarle daño, o, personas cercanas que, por determinados intereses le inducen a errores con la intención que usted tenga problemas futuros.

En el evento que alguien desee crearle un problema puede buscar "mensajeros" o tentadores que le insinúan diferentes opciones, en ocasiones "retando" su autocontrol, usted no es capaz de, usted no puede, lo tienen dominado, no sea boba vamos, venga no pasa nada y se divierte, hágale disfrute yo la cubro, nadie lo sabrá, etc., Estas insinuaciones aparentemente inocentes terminan desgraciando vidas.

Si usted sospecha de alguna situación que puede comprometer su vida, recuerde que las brujas y los magos cuando desean hacer daño visten el mal de inocencia y belleza.

Si abre una puerta, deberá lidiar con lo que por ella venga, no hay una contra con las influencias negativas, pero se recomienda utilizar un talismán, este, percibe las intenciones, sin embargo, utilizar tres alfileres

dentro de la billetera o en el bolso, pueden ser de ayuda, pero lo mejor es "***piense bien lo que hace, antes de hacerlo***"

Viernes

Los días anteriores pasan, llega el viernes y todo cambia, antes del descanso del fin de semana la mente entra en un estado de letargia, es el día de las brujas y magos donde se realizan sortilegios y encantamientos, desde el atardecer es propicio el influjo, la soledad, la mente distraída abre el campo al subconsciente, los viernes están plasmados en el imaginario social como día de visita a brujas y magos.

De igual manera, es un día para las influencias del amor, atracción o separación, los hechizos poseen mayor poder durante el atardecer, esto obedece por las diferentes circunstancias que aparecen, soledad, nuevas compañías, aventuras, oportunidades y tentaciones, así como insinuaciones o invitaciones, es relativamente fácil inducir una alteración afectiva.

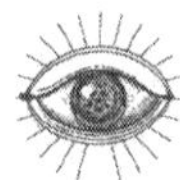

Contras

Debe tener presente, que; usted puede asistir a una cita mágica, o alguien puede hacerlo preguntando por usted sin que esté presente.

Les ocurre más a los hombres, por quienes las mujeres interrogan los oráculos a las brujas y magos tratando de averiguar intereses o venganzas.

¿Tiene otra persona, me ama, le atraigo, puedo romper ese romance, hacerlo separar, puedo vengarme, quiero que le vaya mal, se burló de mí, me sirve, no me da dinero, ha cambiado?

El listado es interminable, desafortunadamente los hombres en su mayoría con un escepticismo total son los que más influencias reciben los viernes en los consultorios de brujas.

- Fotografías
- Interiores
- Semen
- Ligas

- Amarres
- Embrujos de venganza
- Enfermedades postizas
- Disfunción eréctil mediante fetiches
- Entierros
- Ruina
- Amantes despechadas

En el caso de las mujeres

- Separación
- Desamor
- Alejamiento
- Amores impuestos
- Venganzas
- Envidias
- Ataduras laborales

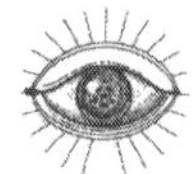

- Esterilidad

- Infertilidad y abortos

- Daños de la piel y el cabello, "mazorcas de brujas" son mazorcas rezadas con excremento de chulo, dañan la cara y en el cabello, una terrible venganza que produce granos en el rostro y deteriora la piel.

- Imponer mal olor, aliento, axilas, vagina y cuerpo.

No es difícil en los consultorios de magia encontrar todo tipo de cosas que son llevadas para hechizar e imponer un embrujo y luego entregárselas a sus dueños.

Los viernes salen los deseos más ocultos de quienes desean obtener información, conocer secretos, imponer hechizos, producir venganzas o anular sexualmente.

Más adelante ampliaremos el tema por separado, donde encontrará algunas señales y contras, pero, lo importante es saber que el viernes es un día mágico de mucho poder.

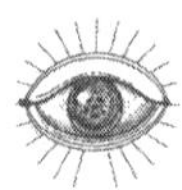

Se recomienda

Para mujeres y hombres

- Usar la ropa interior al revés.
- Utilice un calcetín al derecho el otro al revés.
- Use un talismán o amuleto de protección.
- Utilice todos los viernes una aseguranza de sal.
- Humecte su vientre con aceite negro de brujas.
- Use pociones de protección.
- Dijes o tobilleras sagradas.
- Elementos mágicos y velas conjuradas de protección.

Adicional, es importante tener presente que ninguna magia impuesta se realiza sin que exista una conexión psíquica y física de quien se quiere embrujar, la persona que manda hacer un embrujo sin duda "conoce" a quien quiere embrujar y puede tener acceso a sus objetos, ropa interior, cepillos de cabello, fotografías, interiores, toallas higiénicas, semen, (Cuando use un condón, usted debe desecharlo no lo deje o permita que alguien lo pueda manipular) igual si eyacula, debe

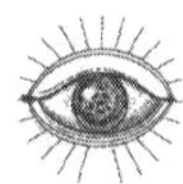

estar muy seguro con quien lo hace. Su semen puede ser luego recogido y usado en su contra.

Las mujeres deben tener prudencia con sus prendas íntimas, bellos vaginales, uñas, pomas de maquillaje en ellas se impone la mazorca de las brujas, labiales, brochas, pinceles todo lo que use sobre su rostro.

Debe tener cuidado con los brasieres, ellos se humectan de sus fluidos, una enemiga, una bruja, una vela conjurada para imponer un hechizo de infertilidad y la mujer verá en pocos días como sus senos se secan.

Para esto es importante tener siempre velas de gárgolas sagradas que alejen los enemigos o avisen que existe un hechizo en la cera que queda.

Si se cambia de protectores o toallas desechables, y duda que alguien las pueda utilizar en su contra, antes de votarlas debe envolverlas muy bien para que pasen desapercibidas. Difícilmente alguien va a esculcar la papelera. ***NO LAS ENVUELVA EN EL EMPAQUE***… use otros elementos.

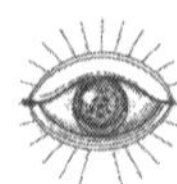

Sábado

Para crear o retirar un embrujo, es el mejor día, la mente se encuentra enfrascada con la recordación, bien los acontecimientos del día anterior, como el pasado, al cambiar de ocupación sin el dinamismo laboral, se presentan "vacíos" y tiempo de ocio, el cual es llenado con recuerdos episódicos de diferentes eventos.

Al hacerlo es fácil conectar un determinado evento con lo que se quiere imponer o lo que se desea retirar.

Hacia la medianoche, es el momento propicio para trabajar con los muertos, algo que se percibe a través de los sueños, las puertas de los antiguos se abren y por ellas vienen y van los fantasmas que se desean imponer.

El atardecer del sábado es algo de cuidado, se debe estar atento con las diferentes señales.

Contras

Más que contras, es un día para "leer" las señales, estar atento con los elementos colocados como protectores, los influjos se pueden neutralizar, retirar, devolver, conociendo los rituales que se deben ejecutar.

Este día es trabajo exclusivo de brujas y magos, las personas infestadas no pueden "retirarse" los males impuestos, una bruja lo impone, otra lo retira, un mago lo impone, otro lo retira.

Se debe aprender a identificar las sutiles señales cuando las cosas comienzan a cambiar hacia lo negativo, revisar la casa, la alacena, mirar que no falte nada, estar pendiente de las diferentes señales.

Recuerde en lo que usted piense, ese pensamiento forma un "puente psíquico" con todo lo que le rodea, si alguien está actuando en su contra, se presentan las señales.

Durante la noche del sábado se debe estar pendiente de:

- Olor a flores
- Olor a tierra mojada
- Olor a guardado
- Olor a tabaco
- Aparición de insectos
- Oleadas de frío que llega hasta las rodillas
- Todo objeto que se quiebra da una señal relacionada con una influencia
- Oleadas de olores fétidos
- Tuberías que se tapan
- Problemas que aparecen eslabonados
- Enfermedades o accidentes
- Robos o pérdidas
- Fracaso económico

- La brujería influye en la mente haciendo que se tomen decisiones equivocadas, las cuales empeoran la situación

- Enemigos que aparecen

- Falta de energía

- Depresión y angustia

Todas las señales deben tenerse en cuenta, primero buscar su procedencia lógica y razonable, en el evento de no hallarla, revisar los probables enemigos, una discusión, un rompimiento, un alejamiento de alguien que ha quedado incómodo, una deuda que no se canceló, un amor despechado, un amor abandonado, un amigo o amiga traicionados.

Al revisar los diferentes eventos, estos, pueden sugerir si alguien puede actuar en su contra, los viernes son los días donde más hechizos y embrujos se imponen, los sábados se perciben.

Existen fechas tradicionales en el mundo de la magia, que, poseen un poder extraordinario, tanto para construir o imponer, como para destruir y liberar.

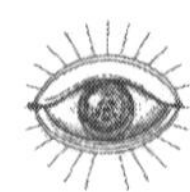

Martes 13 y viernes 13

El número trece, por tradición es extraño, define de manera implícita, la traición, el abandono, la muerte, las despedidas, los fracasos, las separaciones, la destrucción, es una fuerte señal de presagios, pero, de acuerdo con el conocimiento de la bruja o el mago, se transforma en augurio, nada termina que no al mismo tiempo no vuelva a comenzar, si se sabe aprovechar esa fuente de energía, todo se transforma y el trece aunque es de mala suerte, se convierte en el iniciador de un cambio, pero, se debe saber actuar antes que llegue la fecha, en la luna llena anterior al martes o viernes trece, se debe preparar los rituales, estos dependerán de lo que se desee cambiar, cada situación es específica.

Martes 13

Sin duda es un día de conflictos, problemas enfrentamientos, los presagios aumentan, las energías están alteradas, todo tiende a salir mal.

En el evento que existan influencias negativas o brujerías, tendrán más poder, se debe evitar al máximo los compromisos que se ejecuten en un martes trece, por lo general siempre terminan mal.

Ahora, la mente es caprichosa, se desafía y reta a la suerte, considerando el tema como algo especulativo, al cual no se le da el respeto que se debiera, es la razón por la que muchas personas terminan en situaciones difíciles de manejar, abrir esa puerta ya con el solo hecho de sugerir que eso no es nada, se ha aceptado que es todo.

No existe un ritual colectivo que sirva para todas las personas, cada situación es individual, algo que la bruja o el mago deben conocer con antelación, para poder crear la "limpia" o las contras necesarias.

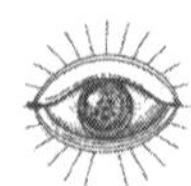

Contras martes 13

Contras para el martes trece cuando existen situaciones difíciles en el hogar o en el trabajo.

Se debe tener un espejo redondo conjurado con la luz de la luna llena, sí, el espejo no está rezado para operaciones mágicas, ***¡no se debe realizar el ritual!***

⛤ A la una de la tarde u hora trece del día, se debe colocar junto con el espejo tres velas conjuradas formando un triángulo, sobre el espejo se coloca, un botón de una camisa usada, dos monedas, y la llave de entrada de la casa o del negocio.

Se encienden las tres velas, en ese momento se deben barrer trece granos de arroz de la puerta de entrada hacia adentro, los cuales se dejan en los rincones.

Al terminarse las velas el botón se debe unir con un hilo dorado a la llave de la casa o local durante un mes lunar o veintiocho días, las dos monedas se colocan en la parte superior de la puerta de entrada hasta el próximo viernes trece, recuerde inicia en un martes y termina en un viernes trece.

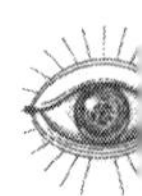

Cordón mágico de protección

El martes trece, atrae gran poder y fuerza, es el día ideal para realizar un ritual de cierre, consiga un metro de cabuya de fique, haga dos nudos en los extremos de la cuerda, luego... concentre su atención en las cosas que desea cerrar, alejar o destruir de su vida, es el mejor día para cancelar ciclos, por cada situación vaya realizando un nudo a lo largo de la cabuya, al completar los trece nudos, no se pueden hacer menos, enrolle la cabuya formando un círculo, al cual debe agregarle sal, sáquelo fuera de su casa y entiérrelo, lo atado, atado ha quedado, así que debe pensar bien en los cierres que haga.

Señales de brujería martes 13

Este día se debe estar atento con algunas de las señales.

- Problemas que se presentan desde el amanecer
- Discusiones sin razón
- Personas del pasado que retornan con amabilidad

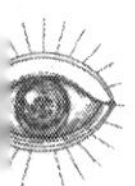

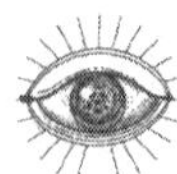

- Cosas y objetos que se rompen
- Aparición de insectos, bichos o alimañas
- Bombillas que se funden
- Daño de electrodomésticos
- Ventanas o puertas que se trancan
- Secuencia de obstáculos
- Anillos o cadenas que se rompen, negrean, cambian de color, se calientan o se pierden
- Todo daño que aparezca, puertas, goteras, grifos, energía, son señales que indican que existe una influencia en su contra.

Contras

No existe una contra universal contra la influencia, existen talismanes, amuletos, aceites, móviles, velas conjuradas, rezos, conjuros, etc., que se pueden utilizar como protectores, cuando existen las malas energías, cada caso es único y particular. Pero algunas sugerencias le pueden ayudar mientras se realiza un ritual de protección y limpieza específico para cada caso.

⛤ Ate en una puerta una cinta negra con trece nudos, durante el martes trece, al otro día la retira y la saca de su casa.

⛤ Coloque un pergamino virgen bajo su cama durante ese día, luego lo quema y lo sopla al viento

⛤ Use las prendas al revés, pantys y calcetines

⛤ Riegue ripio de tabaco en las esquinas de su casa, al otro día barra hacia el centro y recójalas, para sacarlas.

⛤ Evite discutir y si debe hacerlo deje bajo su cama unas tijeras abiertas, eso corta los problemas, luego las guarda.

Para atraer la suerte

⛤ Trece monedas puestas sobre un espejo y una vela conjurada de la diosa fortuna, atraen la abundancia

⛤ Trece montones de trece granos de arroz atraen el poder

⛤ Trece botones de dos ojos unidos por un hilo amarillo y colgado en la cocina atraen la abundancia

✪ Se deben colgar de un hilo amarillo trece monedas, las cuales se dejan detrás de la puerta de entrada de la casa, durante todo el martes trece, luego se retiran en el siguiente viernes trece, atraerá la fortuna a su hogar.

Señales de brujería viernes 13

En esta fecha el poder del trece está canalizado hacia los sentimientos, si bien es un número extraño, también es poseedor de grandes atracciones. El viernes trece, es considerado el día del misterio, ocurren fenómenos extraños y desconocidos, máxime si ese día ocurre durante la noche del plenilunio. El mejor momento para realizar sortilegios o lecturas de la suerte, así como para crear hechizos, encantamientos y rituales.

Algunas de las señales de influencia son:

✪ Despertar ese día a las 2:26 de la mañana

✪ Ver como un espejo se rompe

✪ Cerraduras que se traban o se dañan

✪ Escobas que se parten

✪ Las llamas de la estufa cambian de color y ahúman las ollas.

- La mantequilla, queso, leche, pan, frutas se dañan o se negrean
- Aparición de insectos
- Aparición de manchas en las paredes o ventanas
- Sensación de ser vigilado
- Puertas y ventanas que se abren solas
- Golpes o sonidos extraños
- Llaves que gotean o se abren solas
- Olor a tabaco
- Olor a excremento

Fuera de las señales, se percibe o se tiene la sensación de que "algo" está afectando la vida, todo tiende a salir mal y complicarse.

En el evento que las influencias hayan sido creadas o irradiadas con anterioridad, toman más poder durante este día, de igual manera en el caso que la influencia hasta ahora comience se percibe su influjo de manera fuerte, se debe estar atento con las señales.

Contras

No existe una contra universal contra todas las posibles influencias que se pueden realizar durante el viernes trece, pero, si usted siente que puede estar siendo influenciado negativamente por alguna brujería, se recomienda realizar rituales de limpieza, el uso de un talismán o amuleto de protección, "hacer un cierre temporal" de su energía, mientras a través de un sortilegio se encuentra el tipo de influencia que está actuando y alterando su destino.

De la misma forma, utilizar plantas, perfumes, pociones, filtros de limpieza, ungüentos de brujas, aseguranzas, azabaches, se debe tener en cuenta que; estos elementos deben estar preparados por personas versadas en la magia, de lo contrario, se puede producir que evento aumente, suele pasar que algunas personas por salir de un problema terminan creándose otro.

Las brujas y los magos conocen los conjuros, fechas, contras, de igual manera la forma de activar, conjurar o encantar un elemento mágico para una determinada protección. Las demás contras del martes trece se aplican al viernes trece.

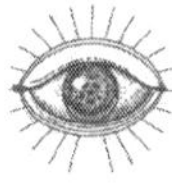

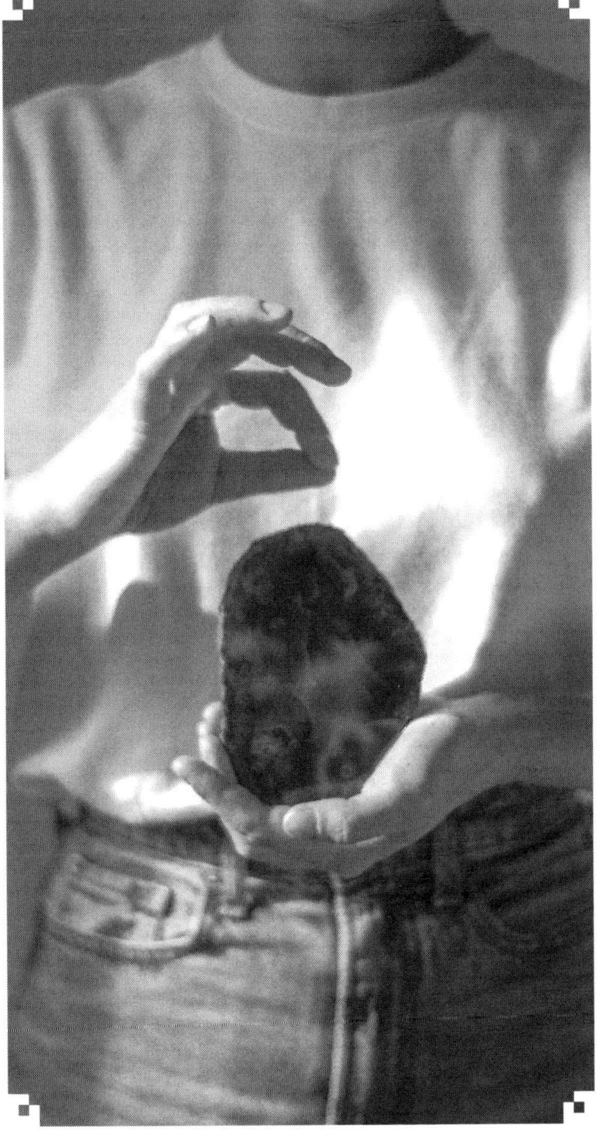

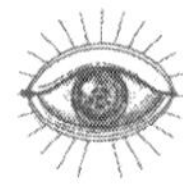

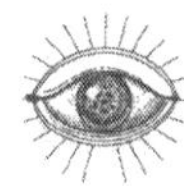

MAGIA NEGRA Y BLANCA

No existe una verdadera división en la magia para definirla como negra destructiva, blanca constructiva, pero en el imaginario social persiste el concepto.

Todo depende de la intención de quien "manda" o pide una ayuda mágica, la bruja o el mago actúa de acuerdo con el deseo de quien lo solicita, en ocasiones no hacen juicios.

Se debe tener presente que no es la bruja o el mago quienes tienen algo en contra de quien es embrujado, es el deseo del que a ellos acude cuando una influencia o brujería es mandada a hacer.

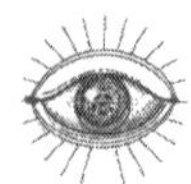

En otras ocasiones se crea la influencia directamente, es muy difícil llegar a saber quiénes conocen de magia, rituales, fórmulas secretas, por tradición las abuelas enseñaban algunos rituales que pasaron de generación en generación, otros de fácil acceso por diferentes medios, libros, redes sociales, programas, comentarios, etc.

En sí… muchas personas tanto mujeres como hombres practican la magia de manera discreta, no se puede saber quiénes lo hacen, pero, si se puede reconocer las señales de las influencias.

La magia depende exclusivamente de la intención de quien desea alterar una vida o transformar un destino.

Hoy por hoy, los diferentes intereses la venganza, la envidia, los celos, el amor, llevan a personas cercanas a actuar mágicamente, esposas, esposos, cuñados, amigos, compañeros de trabajo, novios, novias, suegros, vecinos, la magia puede llegar del lugar que menos imagina.

En este aparte se debe tener en cuenta las influencias y sus señales…

MALES POSTIZOS Y MALA ENERGÍA

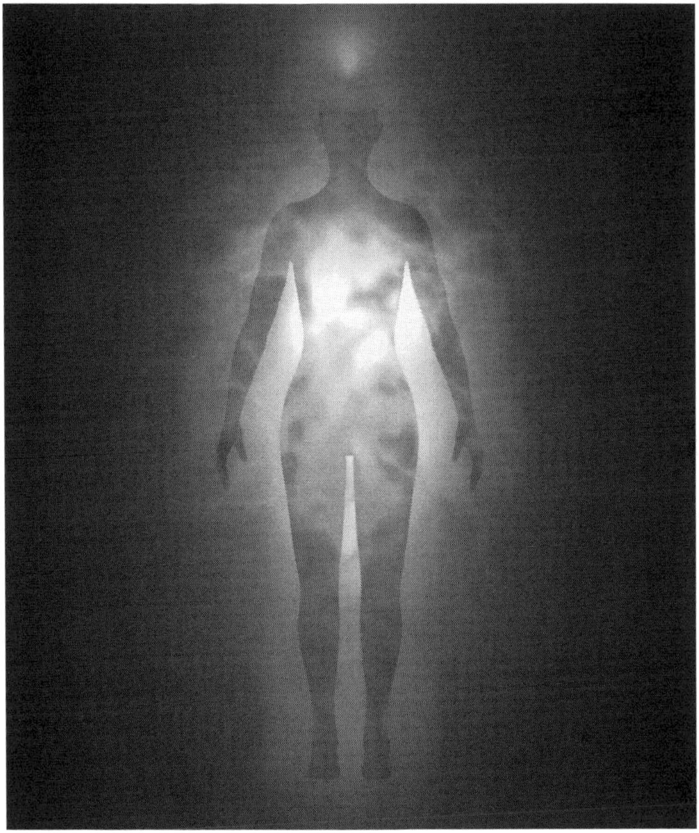

Las influencias mágicas producen alteraciones tanto mentales como físicas, en el afán cotidiano se ignoran esas señales suponiendo otro tipo de causas, malos días, gripas, decaimiento, comidas que caen mal, malestar, cansancio, todo menos una señal de influencias destructivas. Para comprender este tratado

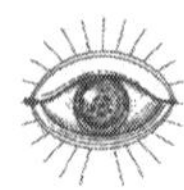

es importante que se tenga presente las señales desde el inicio, así será más fácil contrarrestarlas a tiempo.

Inicio de la mala energía

Todas las personas poseen una carga de energía, la cual se desarmoniza por las diferentes alteraciones que se viven a través de la vida, bien por los actos, bien por influencias directas o indirectas, por brujerías, estados alterados de temperamento, descontrol de las emociones, culpa, malas decisiones, accidentes, etc.

Al estar alterada la vibración, esta no se percibe en el inicio de la interacción, todo parece normal, pero, con el paso del tiempo se va haciendo evidente las señales de alteración que son emanadas, algo que se tiende a ignorar conjeturando excusas.

Al estar cerca de esa fuente de energía, e ignorando la vibración alterada se inicia la proyección, todo parece ir bien, hasta que las señales comienzan a aparecer.

- Cansancio repentino
- Algo se daña sin justificación
- Las cosas se complican

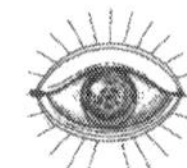

- La mente cambia de vibración
- Se percibe, que "algo" sucede
- Los problemas aparecen de repente
- Se presentan enfermedades

Al iniciar una nueva relación, contratar a alguien, recibir algún regalo, iniciar una nueva amistad, interactuar, etc., Se comienza a compartir las energías, tanto la que se entrega como la que se recibe. Lo importante ante este tema es tomar un tiempo prudencial para ir evaluando que tipo de influjo se recibe, observar las diferentes señales.

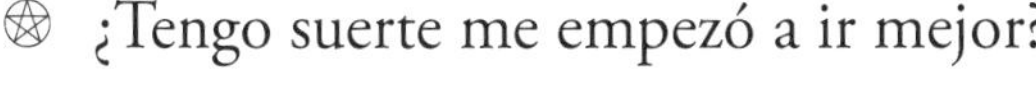

- ¿Tengo suerte me empezó a ir mejor?
- ¿Veo que hay apoyo y beneficio?
- ¿Se ve el avance y la motivación?
- ¿Se percibe una buena vibración?
- ¿Se siente esa ilusión y se actúa en la mejora?
- ¿Han empezado a aparecer problemas?

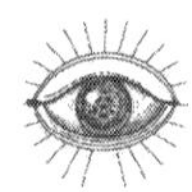

- ¿La persona demuestra inestabilidad?

- ¿No hay apoyo?

Son muchos los interrogantes que pueden aparecer, para tener seguridad de que tipo de energía se está recibiendo.

La buena o la mala espalda

Dentro del mundo de la magia se conoce como "espalda o suerte" la vibración que trae consigo alguien, que puede producir una fuerte atracción y un fuerte rechazo.

Estas energías dan señales desde el inicio, algo que se pasa desapercibido, de manera lenta y progresiva van infestando la vida, luego todo se complica, pero, se generan lazos difíciles de romper.

Contras

Cuando las cosas cambian se debe mirar con mucha tranquilidad, desde cuándo se inició el proceso.

- ¿La persona que llegó a su vida o trabajo le trajo beneficio o le ha creado problemas?

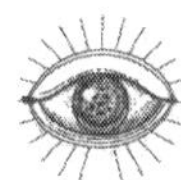

- ¿Desde qué está con esa persona su vida a avanzando en el crecimiento o se ha estancado?

- ¿Su semblante y estado de salud ha mejorado o se ha marchitado?

Es muy fácil apreciar este tipo de influencias, las brujas y magos en la antigüedad, hablaban al igual que las abuelas de la buena o mala "mano" un hombre o mujer, que al unirse a alguien la embellece o la envejece, algunas personas luego de iniciar una relación decaen, tanto así, que la piel sufre los cambios, se afea llenándose de flacidez, en las mujeres se aprecia de manera evidente en la caída de los senos, así como el cambio físico. En los hombres, aparece la decadencia y la obesidad. Fuera de las diversas alteraciones en el trabajo, hogar, estudio, tranquilidad, sueño, proyectos, etc.

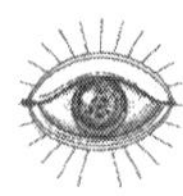

Males postizos

¡Aclaración!

Esta información es netamente cultural, en ningún momento pretende o induce al remplazo de su consulta médica, lo aquí expuesto es solo para su conocimiento, nunca se tome como diagnóstico o sugerencia, su salud debe ser evaluada por los profesionales, si padece similares síntomas, por favor consulte con su médico, su salud es su responsabilidad.

Las infestaciones por energía "cortan" el periespíritu, anulan, dejan a las personas vulnerables, es cuando las enfermedades energéticas y desconocidas aparecen, fuera de la decadencia física y mental, llegan dolencias desconocidas, de muy difícil diagnóstico médico, y más, difícil tratamiento. Esto no solo afecta a la

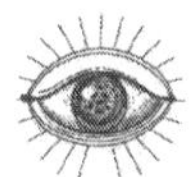

persona, sino a su entorno físico, habitación, vehículo, casa, trabajo, etc. Las enfermedades "energéticas" invaden todo.

Ahora bien, esto ocurre durante un tiempo de anidación hasta cuando ya se hace evidente que "algo" extraño está sucediendo, al buscar ayuda ante tantas señales se descubre que la suerte se ha perdido, todo está mal y en caos y las enfermedades aumentan.

Señales de Males postizos

- No poder dormir y despertarse noches seguidas a la misma hora.
- Dolores o síntomas que "caminan", esto quiere decir que aparecen en diferentes partes del cuerpo, en diferentes días.
- Problemas digestivos, diarreas, malestar, inflamación, pérdida del apetito.
- Dolor de cabeza, punzadas, visión borrosa.
- Dolores musculares y tics nerviosos.
- Menstruo alterado, irregular y doloroso.

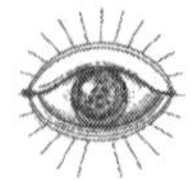

- Impotencia sexual, disfunción eréctil.

- Inapetencia sexual, frigidez.

- Ansiedad, desesperación, angustia sin motivos aparentes, depresión.

- Cistitis, daño urinario, malestar que no pasa con medicamentos.

- Las uñas de manos y pies se afean, se rompen, se cuartean.

- Sobrepeso, tendinitis, dolores lumbares que aumentan con diferentes fases lunares.

- Apatía, mal genio, aburrimiento, desesperanza, negatividad

Es importante observar, que los estadios mentales ejercen una fuerte influencia sobre el organismo, alterando todas las corrientes energéticas, las cuales se somatizan o producen las señales de dolor, sufrimiento y enfermedades, al desestabilizarse la mente, todo el cuerpo al ser un sistema entra en conflicto.

Por ende, toda relación de mala energía, mental y física o tóxica, produce alteraciones mentales que

posteriormente se convierten en enfermedades muy difíciles de tratar.

Secuencias

La inestabilidad emocional lleva a la depresión, a su vez a la ansiedad, pésimo consumo de alimentos, alteración física, cansancio, envenenamiento por cortisol. Este aparte es importante conocerlo tanto en la magia como en uso de los contras para estabilizar la vida… léalo con atención.

Cortisol

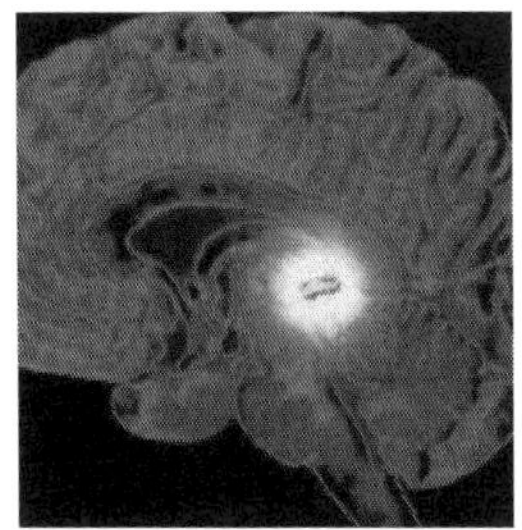

Todos los episodios que causan alteración, estrés, angustia, desespero fuera de la infestación de energías destructivas producen un cambio químico dentro del cuerpo, que a su vez convierte la vida en un verdadero infierno de sufrimiento.

No voy a entrar dentro de la terminología científica, sobre este tema, pero, si las consecuencias de este, remito a lector a investigar si lo desea.

Esta hormona se produce en las glándulas suprarrenales, su liberación y acción se produce como una alarma o alerta, cuando los estados emocionales y energéticos se alteran.

De igual manera, tiene un periodo o ciclo que en la magia se identifica como las horas de la depresión que coinciden con la producción de melatonina u hormona de la depresión y el sueño, en ausencia de la serotonina u hormona de la felicidad, conocido lo anterior como el ritmo circadiano. Razón por la cual todos los síntomas tienden a aumentar en el atardecer, igual que las influencias de brujerías.

Pero si el estímulo se produce pasado el mediodía, la melatonina se bloquea, serán noches muy difíciles de ansiedad y desesperación, dolores, malestar, mal genio al levantarse, al estar cerca de la fase de luna llena, todo se magnifica.

Estas hormonas controladas por la mágica glándula pineal se alteran cuando las energías cambian, una alteración tanto física como mental produce estrés liberando cortisol.

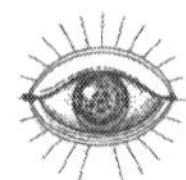

Efectos

⛤ Envejecimiento prematuro, pérdida del colágeno de manera brusca.

⛤ Inhibición de la insulina, ansiedad y consumo de alimentos, diabetes, obesidad, inflamaciones, aumento excesivo de azúcar en sangre, aumento de energía física y explosiva, cambios temperamentales.

⛤ Debilita los huesos, fomenta la osteoporosis, produce dolores óseos, musculares, lumbares, neuralgias, acompañadas de espasmos y convulsiones.

⛤ Los eventos episodios de alteración emocional se fijan en la mente de manera constante y repetitiva convirtiéndose en un tormento.

⛤ Debilita el sistema inmune, permitiendo mayor cantidad de infecciones, la mente al estar alterada deja el organismo vulnerable, a todo tipo de contagios, entre ellos los de transmisión sexual, cistitis y problemas urinarios, algo muy común cuando se está estresado.

⛤ Aumento desmedido del ácido gástrico creando gastritis, inflamación de colon, irritación,

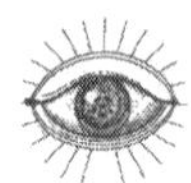

estreñimiento, úlceras, reflujo nocturno, acidez, rechazo a los alimentos, inapetencia, constipación, etc.

⛤ Produce alteraciones renales y hepáticas, incontinencia, goteo, ardor, machas en la piel, brotes, sarpullido, dermatitis nerviosa, alergias, mal olor corporal.

⛤ Al alterar el sistema renal y el azúcar en la sangre, como repuesta se presenta el aumento de la presión arterial, sudoraciones, oleadas de calor, dolor de cabeza, mareo, visión borrosa, malestar general.

⛤ Produce serias alteraciones en el sistema reproductivo tanto en la mujer como en el hombre, menstruos irregulares, sangrados, dolores abdominales, abortos, menstruaciones espontáneas, inflamación de los testículos, dificultad para orinar y evacuar, disfunción eréctil, pérdida muscular, agresividad, falta de control mental que puede llevar a la violencia desmedida.

Se podría hacer un tratado de los síntomas que produce el cortisol, el cuerpo humano al ser un sistema integrado, cuando algo falla, todo falla, los

síntomas variados se tratan químicamente de manera local o específica, pero, si la causa que desencadena todos los procesos no se neutraliza, el proceso termina de manera fatal, aumentando los síntomas hasta que alguno colapsa y, por ende, todos los demás.

Con esto en claro, las influencias negativas que generan inestabilidad emocional y física, compartir con personas de bajas vibraciones, conflictivas, tóxicas, problemáticas, o sufrir de alguna influencia mágica, brujería, encantamientos, hechizos, rezos, conjuros, etc., Produce similares síntomas, los cuales son difíciles de diagnosticar.

Ahora bien, por más que la medicina trate de regular un sistema alterado, no es la sanación, la infestación va a continuar hasta que no se anule y para eso se requiere de tomar decisiones importantes.

En el caso de las enfermedades postizas, se debe evaluar, cuándo, cómo, dónde se inició el proceso, o si este fue espontáneo, es importante tener en cuenta, ***¡no se puede tratar un mal postizo como mal o enfermedad!***, La enfermedad es el síntoma que indica que existe una fuente que está infestando.

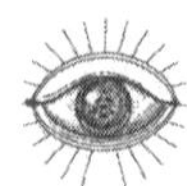

Bajo este orden de ideas, los síntomas o enfermedades que se presentan son variadas y de diferente sintomatología, pero todas tienen un origen común, la infestación y alteración energética, bien sean creadas por una persona negativa que llego a la vida o por una brujería.

La brujería como tal, no produce una enfermedad específica, genera una alteración energética y mental que, posteriormente va minando el organismo hasta desarrollar enfermedades crónicas, sin que exista una curación, si bien la ciencia intenta realizar tratamientos, la causa no está en el cuerpo ni en la mente sino en la influencia generada.

Al ser un tema tan delicado, se recomienda que antes de sugerir un mal postizo, se debe buscar las causas físicas, existen verdaderas enfermedades que deben ser tratadas con medicamentos y no con magia, como existen enfermedades que deben ser consideradas mágicas. No es fácil encontrar la diferencia entre unas y otras, pero si al menos se puede evaluar.

En las personas:

- Observe la vida de la persona enferma.
- ¿Cómo vive, con quién, cómo es su relación pareja?
- ¿Cómo es su relación familiar?
- ¿En qué trabaja?
- ¿Cuál es y cómo, la relación laboral?
- ¿En qué condiciones se terminaron, relaciones pasadas?
- ¿Tiene enemigos?
- ¿Posee conflictos con familiares o allegados?
- ¿Cuáles son sus relaciones sociales.?
- ¿Qué estudios tiene?

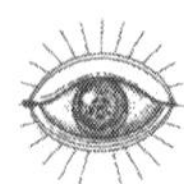

En los lugares:

- En qué condiciones se encuentra el lugar donde habita.

- Es iluminado u oscuro.

- En que lugares de la casa, ilumina el sol de la mañana.

- En que lugares de la casa, ilumina el sol de la tarde.

- Qué edad tiene la casa o apartamento, es nuevo, antiguo, viejo.

- Si es nuevo, que existía antes en ese sitio.

- Desde que vive en ese lugar comenzaron los síntomas.

- Qué lugares conforman el vecindario, quebradas, causes subterráneos, tendidos eléctricos, cementerios, construcciones.

- Cómo son los vecinos.

- De que material y cómo son los muebles, la cama, la cocina, existen mascotas y de qué tipo son.

Y muchas preguntas más, que no tienen nada que ver al inicio con la enfermedad, pero, pueden ser la fuente de las influencias.

En el mundo de las señales mágicas, todo influye sobre la vida de cada persona, una bruja o un mago, no solo mira el síntoma, sino todas las causas probables. Retome el sortilegio de las brujas al inicio del libro.

Al hacer un análisis saldrán las respuestas, comúnmente son personas cercanas, parejas, suegros, cuñados, compañeros de trabajo la causa que está generando las alteraciones. ¿Qué, quién, es lo que más le produce estrés e incomodidad?

Todas las energías son susceptibles de armonizarse, razón por la cual al "retirar" la fuente nociva, comienza la sanación.

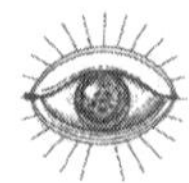

En ocasiones las personas que toman decisiones, como; cambiar de trabajo, terminar una relación, divorciarse, alejarse de la familia, cambiar de residencia, barrio o ciudad, al final de un tiempo, se dan cuenta de grandes mejoras en su salud y en su vida.

Luego de evaluar y no encontrar una causa identificable, se abre la puerta al mundo de la brujería, las influencias son creadas mediante rituales de gran poder, campo que le corresponde a brujas y magos versados en las artes mágicas.

La persona embrujada no puede sanarse a sí misma, si pudiera hacerlo, no hubiese sido embrujada, se requiere de sortilegios, ataduras, cierres mágicos, identificar el tipo de brujería que está actuando, ante la pregunta ¿Quién me hizo brujería? Es de recordar que la gran mayoría de veces, son rituales mandados a hacer a una bruja o un mago, así que ese "bloqueo" que se crea al hacer el hechizo impide conocer el origen.

En el evento que sea una persona que conoce de magia y actúa directamente, la bruja o el mago conocen rituales y técnicas para que se revele quien lo ha ejecutado, pero, no lo van a comentar, sí se hace, se

generan conflictos con finales trágicos que son peores que la brujería realizada. Toda magia que cause males postizos, solo se combate con otra magia, no existe un ritual o contra que sirva para combatir, pero si para prevenir.

Contras

Las contras para los males postizos son protecciones que avisan o evitan que los efluvios lleguen.

- Talismanes, de protección con sigilos personalizados.
- Amuletos, realizados para la casa, trabajo y familia, junto con filtros, pociones y baños.
- Atrapasueños conjurados.
- Velas conjuradas de gárgolas sagradas.
- Baños lunares con plantas sagradas.
- Aseguranzas.
- Protectores, duendes, hadas, escobas encantadas y espejos conjurados.

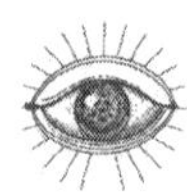

- Aceites lunares sagrados.

- Realizar de manera constante rituales de limpieza.

Algo que se debe tener en cuenta en cuanto a la magia se requiere, es la forma como se lleva la vida, dependiendo desde la infancia, familia, educación, cultura, conocimiento, autocontrol, todo eso va a repercutir en el futuro, algo que todo el mundo debería conocer de las personas que lleguen a la vida, teniendo en cuenta que en el inicio se muestra una personalidad diferente a lo que es en verdad.

Cada persona lleva en su alma las vibraciones de su existencia, las cuales se acumulan con el paso del tiempo, las alteraciones llegan a ser tan fuertes que pueden dañar todo lo que les rodea, una vida mal vivida irradia energías de alteración, el humor, el temperamento, las acciones, la violencia, el descontrol mental, los vicios, alteran las vibraciones al extremo de:

- Las plantas que toque o tenga, se mueren.

- El perfume no dura.

- El esmalte se cae.

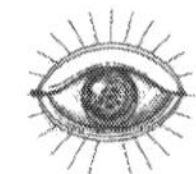

- El jabón se corta.

- Todo lo que le rodea es opaco sin vida.

- La acidez del cuerpo es tan alta que emana mal olor.

- El rostro se torna agrio.

- Todo en su ser, denota oscuridad.

- Se tiende a fingir lo que no se es, o se vive de aparentismo.

- Gran habilidad para victimizarse y atraer la compasión.

- Altamente conflictivos, de explosiones emocionales, tercos, obsesivos, problemáticos.

Ya tiene una idea de las proyecciones de quienes han llevado una vida de alteraciones, y, que, si se puede cambiar, ¡claro que sí! Pero se requiere de esfuerzo, voluntad, constancia y desear modificar las vibraciones todo un proceso mágico. Para evitar acumular energías, fortalecer los campos mentales, creando barreras contra las influencias se debe tener en cuenta como contras:

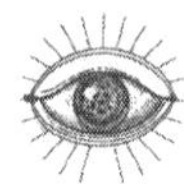

⛤ Ocupar la mente, estudio, trabajo, capacitación, concentración, no dejar espacios donde la imaginación se desborde, las personas que no hacen nada, la mente "crea" escenas turbulentas, se llenan de zozobra, angustia, celos, pensamientos negativos, nunca progresan, se convierten en limosneros del alma, son presas fáciles para las energías de alteración, las cuales atraen de manera constante, todo les sale mal.

La mente, al no tener control, transforma todo, se levanta tarde, se acuesta tarde, no duerme, no hay paz, el tiempo pasa muy lento, se adormece la voluntad, llega el desorden, la suciedad, la dejadez, pero, muestra una faceta totalmente contraria.

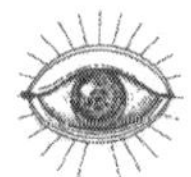

Deporte

Existe un viejo adagio que dice: ***mente sana, en cuerpo sano***, y tiene toda la validez, el ejercicio, el deporte exigente, es una excelente contra para evitar males postizos y algunas influencias nocivas, el sedentarismo sumado al estrés y la inercia mental.

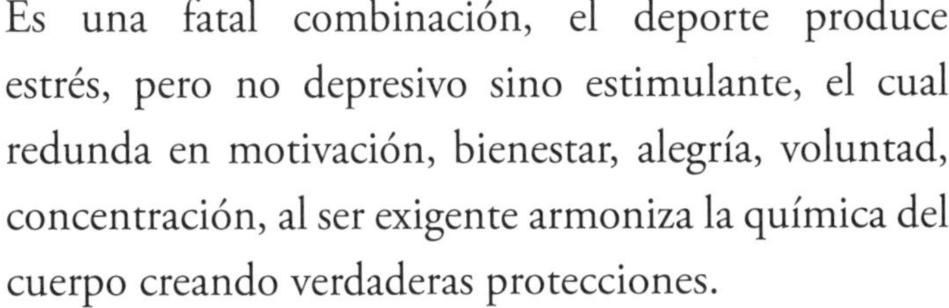

Es una fatal combinación, el deporte produce estrés, pero no depresivo sino estimulante, el cual redunda en motivación, bienestar, alegría, voluntad, concentración, al ser exigente armoniza la química del cuerpo creando verdaderas protecciones.

⛤ Aumenta la autoestima.

⛤ Produce endorfinas que controlan y regulan los estados de ánimo.

⛤ Entrena la mente.

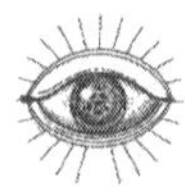

- Desintoxica el cuerpo.

- Limpia y purifica las energías sexuales.

- El mejor estimulante sexual.

- Mantiene la mente clara, ágil e instintiva.

- Mejora todos los sistemas orgánicos, proveyendo una mejor salud.

- Induce al sueño reparador y profundo.

- Da tranquilidad

- Genera mayor cantidad de feromonas, creando gran atracción física y sexual.

- Rejuvenece

- Regula el sistema nervioso, digestivo, cardiaco, evita el desgaste óseo.

- No existe ninguna justificación para no hacer deporte, el mejor gimnasio es su habitación y el suelo.

Los males postizos son síntomas que se generan en la oscuridad mental y física, produciendo graves enfermedades, si bien existen rituales, baños, contras,

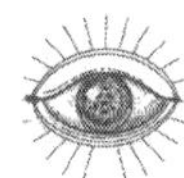

que pueden aliviar, si no existe un cambio real en la vida, el proceso desaparece por un tiempo y luego regresará con más fuerza.

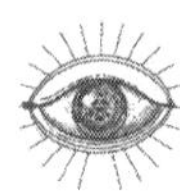

SEÑALES DE ENERGÍAS CRUZADAS

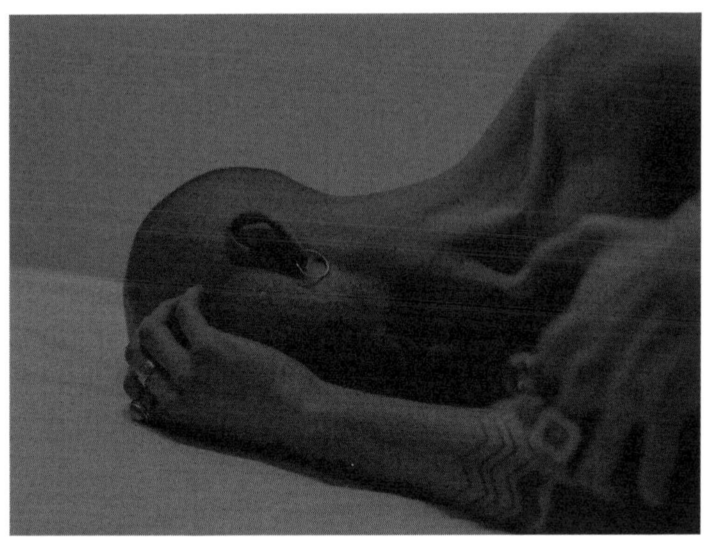

La cotidianidad lleva a interactuar con diferentes situaciones y diferentes personas, lugares, momentos, los acontecimientos inesperados pueden crear un sinnúmero de energías de limitación, o cambiar las existentes.

De una o de otra manera, en algunos momentos los estados mentales se "trancan" y todo se confunde, sale mal, nada se logra concluir, todo parece tener vida propia y estar en desarmonía, se podría sugerir que el mundo se puso al revés, nada sale bien.

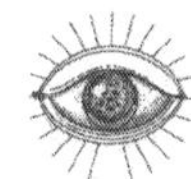

Las energías cruzadas

Se producen cuando un evento esperado con demasiada ansiedad no termina como uno quisiera, se siente perder, llega la incomodidad, esa sensación de fracaso, decepción, intranquilidad, se produce una especia de vacío que queda dentro del pecho, frustración que altera los sentidos.

Cuando esto ocurre, comienza una oleada de eventos alterados, todo ocurre de forma contraria con lo deseado, una cadena de situaciones frustrantes.

Al intentar que algo salga "bien" se libera la terrible ***ley del efecto invertido***, cuanto más se desea algo llega lo contrario.

La ola arrastra la vida hacia lo contrario, es un evento normal el cual pasa en ciclos determinados, un mes, un día, una fase de luna, algunas personas logran identificar los ciclos del vaivén de las energías cruzadas, épocas de avance contra épocas de retroceso, algo que todo el mundo debería conocer y reconocer de esta manera, se sabe cuándo las cosas se dan y cuándo quedarse quieto.

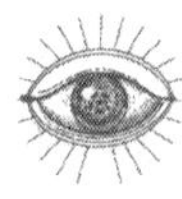

WICCA

CICLOS DE ASCENSO Y DESCENSO

Todo viene por oleadas, tiempos en que todo el mundo llama, escribe, habla, invitaciones, todo brilla, luego de manera imperceptible todo desaparece.

- Igual pasa en el amor, tiempo de admiradores, tiempo de vacío.

- En los negocios, ciclos de avance y progreso, ciclos de decadencia.

- En el sexo, épocas de intensidad, épocas de decaimiento.

- Épocas de éxito, contra épocas de fracaso

- Felicidad y tristeza.

Así la lista es infinita, todas las personas al nacer generan sus ciclos o biorritmos, estos se unen a las fases lunares, estaciones, días de la semana, determinados estímulos, marcan el punto de avance y retroceso, lo cual permite identificar cuándo llega un cambio, cuánto dura, cuándo se termina para dar paso con la mutación.

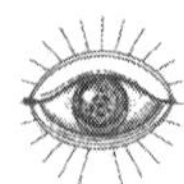

Aprender a reconocer los ciclos es de gran ayuda, se sabe cuándo se debe actuar y cuándo es mejor esperar.

Según la magia antigua en el mes se presentan ocho cambios que están relacionados con el ciclo menstrual en las mujeres y con estados emocionales en los hombres.

Durante el año se presentan ocho ciclos en los cambios estacionales, avances y retrocesos, cada persona debe con un poco de atención conocer el ritmo personal de su vida, de esta manera, logra saber cómo y cuándo actuar. Al hacerlo "escapa" del ritmo de la vida, conociendo el balance, preparándose para el cambio, la mutación y transmutación.

De esta manera, se anula la ley del efecto invertido, colocando los ciclos en armonía, pero, se debe tener en cuenta que estos no se pueden anular, van a suceder no hay forma mágica de controlarlos, por ende, se debe tener presente:

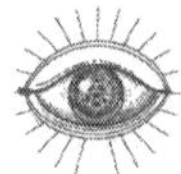

Ciclos

- El amor no es el mismo todos los días.
- En los negocios no se vende siempre.
- La salud varía, cambia, cada dos horas.
- Nada es estable de manera constante.
- Todo lo que rodee su existencia, está sujeto a ciclos de cambio, absolutamente todo.
- El amor y desamor, está sujeto a ciclos.
- Atracción y rechazo no son constantes.
- La luna y el proceso de las estaciones influyen sobre la salud, las emociones, los estados de ánimo, los deseos en ciclos precisos.

Duración de los ciclos

Los ciclos generados por la luna duran veintiocho días, afectan:

Lunares

- Mujeres y hombres, alterando los estados emocionales

- Generan grandes cambios en la suerte, el amor, el deseo sexual

- Afectan la economía de manera marcada, escasez y abundancia

- Actúa sobre el sistema hormonal, enfermedad, decaimiento, salud, motivación y depresión

- Altera el ciclo muscular, tensión y relajación

- Mentalmente produce cambios temperamentales que pueden llegar a extremos, mal genio o alegría intensos

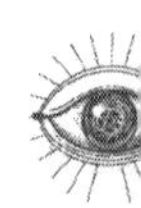

Estacionales

Todas las estaciones modifican todo el sistema orgánico alterando el ritmo circadiano, por ende, los estados físicos y emocionales, estos, influyen en la toma de decisiones modificando el destino. Los cambios estacionales o síndrome disfórico estacional, (*Véase el libro Zodiaco y Destino*) actúa directamente sobre la glándula pineal, que a su vez regula la serotonina o la hormona de la felicidad y la melatonina la hormona del sueño, nostalgia y tristeza.

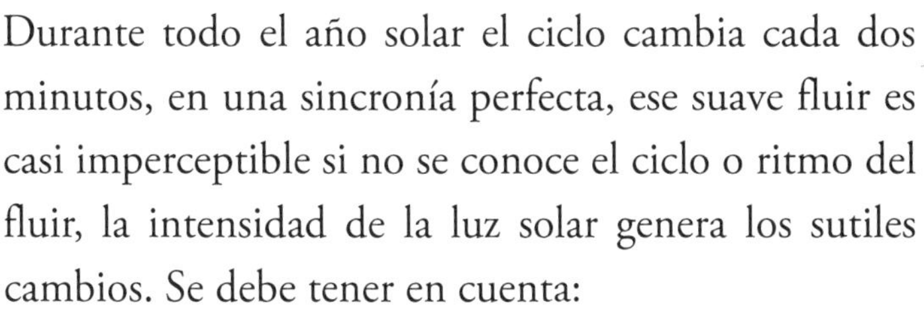

Durante todo el año solar el ciclo cambia cada dos minutos, en una sincronía perfecta, ese suave fluir es casi imperceptible si no se conoce el ciclo o ritmo del fluir, la intensidad de la luz solar genera los sutiles cambios. Se debe tener en cuenta:

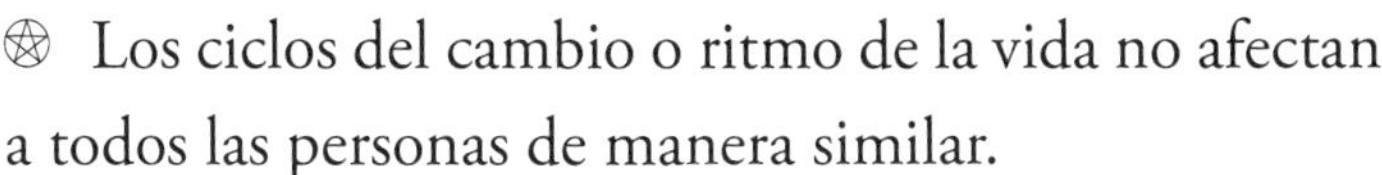

- Los ciclos del cambio o ritmo de la vida no afectan a todos las personas de manera similar.

- Todos los ciclos son individuales a pesar de que se esté en la misma estación.

- Cada persona posee su ciclo, por ende, su ritmo de flujo y reflujo.

⛤ El momento de nacimiento en la combinación, estación, luz solar, fase de luna, produce la programación del inicio del ciclo y su posterior ritmo.

⛤ Todos los ciclos se producen en secuencia, depende de la actitud mental se pueden aprovechar, pero no neutralizar.

Conocer los ciclos de la vida y su influencia es tarea de las brujas y magos, aunque, cualquier persona con un poco de atención, puede descubrirlos, tanto la influencia lunar como estacional, solo se requiere un poco de atención, análisis y observación de las diferentes señales.

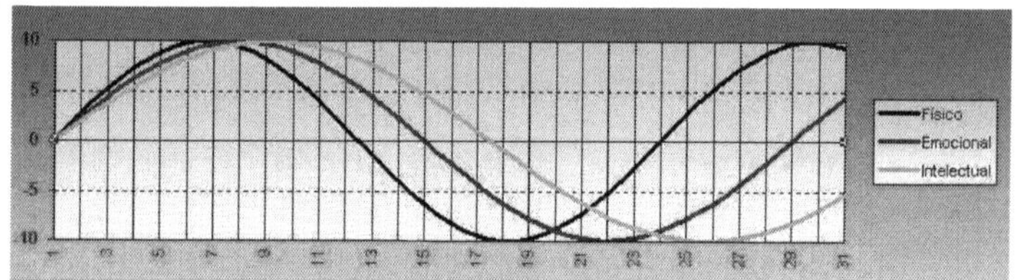

Atrapados en los ciclos

A pesar del cambio la mente queda atrapada en un ciclo bien de avance y progreso, bien de decadencia y retroceso, pero aún a pesar de que ritmo se extienda, es inevitable su cambio, flujo y reflujo son perpetuos nada queda de manera eterna en el avance como tampoco en el retroceso, en bien se llega al extremo el ritmo cambia.

Es en esto donde radica uno de los grandes peligros" la confianza" al estar en ciclo de ascenso se ignora el descenso, se supone que todo seguirá en aumento, se descuida y se ignora, que el ritmo llega a un extremo y cambia hacia el otro. Es la razón por la cual, muchas personas ascienden durante un tiempo prolongado y luego decaen, difícilmente pueden volver a armonizarse.

En el otro extremo sucede de manera similar, se queda "atrapado" en la decadencia, que es en sí, lo más común, al terminar el ciclo y el ritmo actuar en un extremo, a pesar, que, inicia el cambio, la mente se aferra e impide la continuidad, se cruzan las energías, las cuales pueden permanecer así todo el resto de la vida.

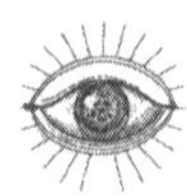

El ritmo inicia un nuevo ciclo, la persona se niega a seguirlo, se anula, no actúa, no aprovecha el avance, de esta manera, cada vez se hunde más en el extremo no avanza. Los dos extremos son peligrosos, el estar atrapado en el avance se logra mantenerse por tiempos prolongados en ese estado a condición de que la persona sepa manejar el ritmo controlándolo, esto quiere decir; que impide el retorno del ciclo, lo expande en el tiempo, anulando el retroceso, para lograr esto se requiere de gran planificación, proyección al futuro, segmentación de procesos, ramificación de estos, control, generación constante, diversificación y gran voluntad en la constancia. Los ciclos no se pueden anular, pero si prolongarlos tanto el avance como el retroceso, la condición es:

- Conocer el ciclo personal y reconocer el fluir del ritmo, cuándo se inicia, el punto máximo, el descenso.

- El primer ciclo y su influencia que se debe reconocer es el ciclo lunar, cada tres días y medio, luego el ciclo estacional.

- Aunque los ciclos no se pueden detener, los procesos se prolongan utilizando las secuencias, cuando se contrae se crea, cuando el ritmo cambia

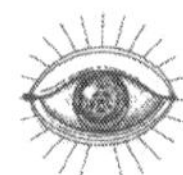

se expande, es aprovechar el descenso como mayor impulso para el ascenso.

⛤ Lleva el ciclo el ritmo al retroceso, sin impulso para avanzar a pesar del cambio se estanca, acumulando ritmos en ese extremo todo se complica en demasía.

La mente y los ciclos

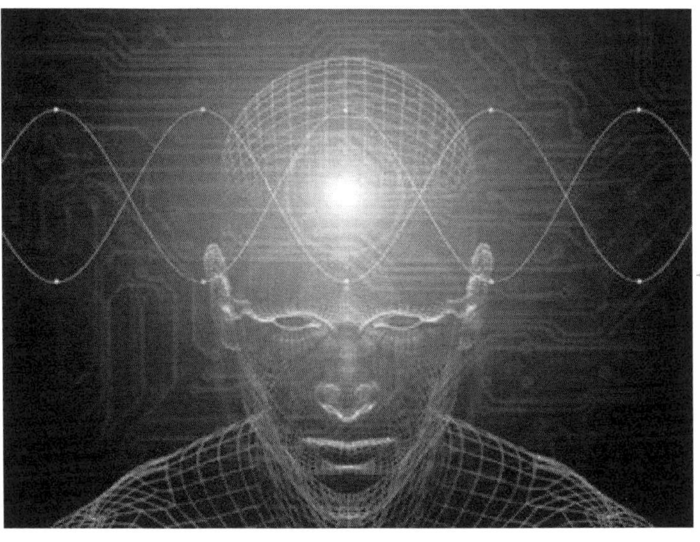

La mente juega un papel preponderante en cuanto con los ciclos y los ritmos, tomando en cuenta que estos actúan en el plano físico, pero no en el plano mental, es un poco complejo de asimilar, pero, su mente es la que acepta estar en un extremo del ritmo o no, se denomina polarización mental. Cuando un ciclo físico cambia y el ritmo lleva al descenso, es cuando la mente toma

ese descenso no como destrucción, sino construcción, detiene el avance, hace un alto va con el ritmo, se deja llevar, no pelea contra el efecto, toma el momento para construir, recrear, organizar, programar, no se detiene, cuando el ritmo inicia el avance para completar el ciclo, la mente impulsa, empuja, genera, de esta manera, se está en armonía con el ritmo y, por ende, se controla el ciclo.

La mejor manera es ir con el ritmo, no luchar contra él, reconocer hacia donde se produce el cambio, al hacerlo se logra evitar sus drásticas influencias. Es saber conocer la compensación en la acción motivada por el estado mental.

Pero, si la mente cae en el abandono, la negación, la negligencia, se apaga en la quietud, a pesar de que el ritmo, continua, se queda "atrapada" en el extremo no avanza, el ritmo sigue su frecuencia, pero la mente no igual ocurre en el otro extremo, la mente sigue creando, hace espacios va con la oscilación del ritmo, no se detiene, genera nuevos proyectos, mientras oscila al descenso, al subir lo creado impulsa más el avance.

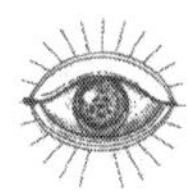

ENERGÍAS CRUZADAS IMPUESTAS O BRUJERÍA

Este aparte es quizá uno de los más importantes en y durante la vida, las brujerías que "bloquean" los ciclos, eternizan los ritmos, llevando a la destrucción.

La brujería cambia la vida, todo se trunca, nada sale bien, pareciera que los obstáculos crecen por sí solos, aparecen en todas las acciones diarias, la vida se cubre de esa negrura donde el progreso y el avance se han detenido.

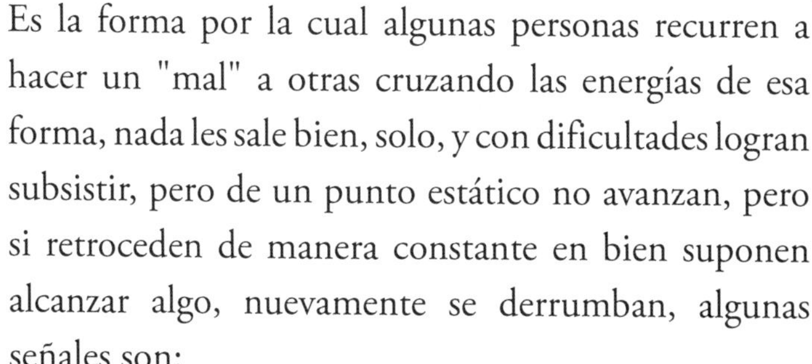

Es la forma por la cual algunas personas recurren a hacer un "mal" a otras cruzando las energías de esa forma, nada les sale bien, solo, y con dificultades logran subsistir, pero de un punto estático no avanzan, pero si retroceden de manera constante en bien suponen alcanzar algo, nuevamente se derrumban, algunas señales son:

- En un punto la vida queda congelada, todo se detiene.

- Cadenas de eventos destructivos, pérdida de empleo, enfermedades, problemas, las cosas se dañan,

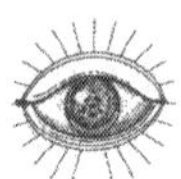

todo se dificulta, las situaciones difíciles se eslabonan a otras, nada sale bien.

⛤ Los objetos se dañan cuando más se necesitan.

⛤ Todo se traba para cumplir una cita, entrevista, negocio, paseo, cena, etc.

⛤ La suerte le llega a quien está antes o después de usted, como si le ignorará.

⛤ Llegar un segundo después que todo se ha cerrado.

⛤ Ser el último, y no recibir nada.

⛤ Tener ilusiones de cambio, y cuando supone que lo ha logrado, ver con desánimo que todo se desvanece.

⛤ En amor todo es pasajero, temporal, nada perdura y se repite, una y otra vez, no hay nada hasta perder el deseo de intentarlo.

⛤ En el comercio, se hacen negocios, se programan eventos, se lucha, y en el momento del cierre todo se cae y pasa, una y otra vez.

⛤ Todo lo que se haga o se luche por conseguir termina en lo contrario.

- Préstamos rechazados por cosas triviales.

- Malas inversiones.

- Lo que se compra, preciso sale dañado.

- Lo que se logra adquirir nuevo y bueno se pierde.

- La ropa se daña en el momento menos oportuno.

- El día del evento importante en días soleados en el único charco que existe, es que le mancha la ropa.

- En el afán de llegar a la casa, la chapa se daña.

- Cuando hay más hambre, la comida está o llega dañada.

El listado de eventos contrarios es infinito y la secuencia igual, pero no se percibe como en el ritmo y los ciclos un cambio.

Alguien pagó a una bruja o mago, o conociendo rituales de magia ha creado sobre su vida una congelación contraria, esto es que no avanza ni progresa del punto donde fue congelado, pero todo lo que llegue a su vida, será rechazado.

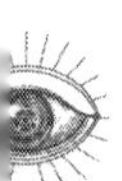

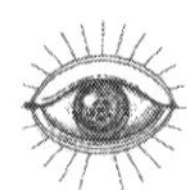

Pero, esto no solo ocurre por una brujería, también pasa por energías pegadas, mala suerte, malas influencias, por transferencia involuntaria, maldiciones que caen de otras personas, algunos eventos que cruzan las energías:

- Brujería y maldiciones, tanto directas como postizas.

- Tener relaciones sexuales con personas infestadas de energías.

- Visitar o frecuentar, moteles, residencias, hostales, o lugares ordinarios de gran alteración psíquica para tener sexo, si desea hacerlo, busque un lugar agradable y limpio.

- Firmar libros de muerte en funerarias.

- Ir a funerarias, velorios, rituales de necromancia, frecuentar cementerios, recibir recordatorios fúnebres o conservarlo, guardar cosas de muertos, cenizas, ropa, flores, etc.

- Visitar lugares donde haya turbulencia psíquica, peleas, enfermedades pobreza y miseria.

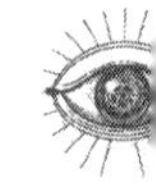

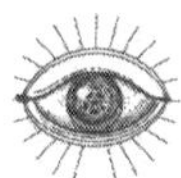

- Compartir o estar en lugares donde las personas están inestables, siempre se termina discutiendo.

- Establecer relaciones con personas tóxicas y controladoras.

- Infestarse al tener relaciones sexuales con personas que comparten su sexualidad con parejas estables, ese cambio de energías basadas en la mentira causa grandes alteraciones y sufrimientos, tener un amante es un arte que se debe aprender para no infestarse.

- Ir de acompañante de alguien a visitar brujas o magos, a lectura de cartas, tabaco, mancias, sortilegios, se le pegan las malas energías.

- Usar ropa de una persona que ha sido embrujada.

- Recibir regalos como recompensa de un daño

- Romper un espejo por estado alterado de emoción.

- Realizar, hacer, intentar, recrear hechizos con el deseo de causar una alteración sobre otra persona, sin tener conocimientos de magia.

- Conservar objetos malditos, producto de hurtos, homicidios o no conocer su procedencia.

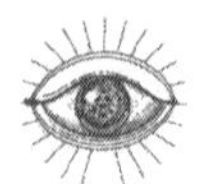

- Tener como enemigos brujos o magos versados en las artes.

La lista puede continuar, al recibir una influencia de energías cruzadas todo tiende a salir mal, no existe una contra universal, cada caso en particular tiene sus condiciones, algo que la bruja o el mago pueden descubrir para restaurar las energías.

Pero de igual forma algunas sugerencias pueden ser de gran ayuda para modificar y armonizar la vida, siempre que la influencia no tenga una razón de ser, esto quiere decir, que sí ha ejecutado un acto en contra de otra persona o ha herido, lastimado, engañado, alterado un destino, y es consciente de su culpabilidad, hasta que armonice esas energías nada le podrá ayudar, es algo que usted mismo ha creado sobre su destino.

- Busque en sus recuerdos en donde se inició el cambio.

- Trate de identificar qué situación se presentó que pudiera alterar sus energías.

- Mire las personas con las que comparte su vida y si coincide el cambio con la presencia de alguna de ellas.

- ¿Visitó algún lugar infestado?

- Revise sus posesiones trate de recordar y mire la procedencia.

Recomendaciones

- Si tiene cosas, objetos, prendas, elementos que no sean suyo por derecho natural, devuélvalos o despréndase de ellos, no importa si son joyas.

En algunas ocasiones en brujería, se hacen limpiezas de mala suerte, traiciones, energías cruzadas, retiro de maldiciones, y esas energías se conjuran a una joya de oro costosa, hermosa, valiosa, la cual se arroja o se deja en un lugar discreto para que alguien la encuentre, o se le regala a alguien como obsequio.

Al hacerlo, la "**codicia**" hace que quien la encuentra o la recibe, la conserve como un tesoro, apegándose, al mismo tiempo que se infesta de la brujería que el objeto posee.

Pasará mucho tiempo antes que se dé cuenta, toda su desgracia es producto de esa joya, y, a pesar de saberlo le constará desprenderse del mal.

Contras

Todo acto mágico requiere conocimiento en su preparación, realización, conjuro, y ejecución, para esto se debe conocer sobre la magia, de lo contrario aventurarse en este mundo, es correr el riesgo de empeorar las cosas, pero se va a aprendiendo despacio en la medida que se practica, como no existe un ritual o protección para todo, es importante tener en cuenta el uso de los elementos encantados como protectores.

- Amuletos de protección.
- Pócimas de limpieza, y baños.
- Exfoliación mágica.
- Rituales de limpieza luego de visitar o estar en sitios de alto flujo psíquico.
- Talismanes personalizados que se rompen calientan o cambian de color cuando las energías se alteran.
- Azabaches conjurados.
- Fetiches para protección.
- Productos mágicos preparados por brujas y magos.

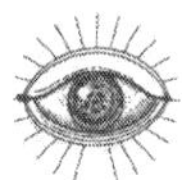

Estos elementos ayudan a proteger, pero no armonizan, bloquean o anulan las energías que están causando la alteración la única manera es mediante la ejecución de un ritual de alto valor mágico.

Fuera del contenido mágico, se debe tener en cuenta la actitud mental y el deseo de luchar por anular las influencias, de nada sirve la magia, si la persona no se empeña en querer cambiar.

Es la razón por la cual un gran número, vive verdaderos suplicios al "aceptar" las energías cruzadas y mantenerse así.

Quienes realmente desean salir de ese estado estas sugerencias pueden ayudar de manera temporal, mientras se realizan los rituales de limpieza o anular las energías que estén actuando.

- Realice un despojo completo de su hogar, de elementos acumulados.

- Limpie todos los rincones con vinagre y flores silvestres preferible la flor de diente de león.

- Cambie o retire, espejos, vidrios y loza que esté rota o quebrada.

- Cambie, vote, ropa dañada o vieja.

- Nunca trate de remendar lo que ya no sirve, es atraer más ruina.

- De la escoba saque varias fibras, realice pequeños atados, debe tener siete en total, cuélguelos detrás de las puertas, debajo de la cama, en la cocina y el baño, usted debe elegir siete sitios en su casa, los deja ahí hasta que sienta que las vibraciones cambian.

- Revise su aspecto personal y trate de modificar lo que pueda, arréglese, use ropa limpia.

- Aléjese de todas las personas que no le aportan nada a su vida, evite los comentarios, no se preste para ser papelera sentimental de los problemas de otros.

- Trate de comprar girasoles, consiga arena de fuego, manojos de plantas dulces y amargas, mezcle todo y haga un baño en todo su hogar.

- Déjese por dos días la ropa interior sin bañarse ni cambiarse, al tercer día al amanecer rómpala con sus manos mientras piensa de manera concreta romper su mala racha.

⛤ Tome decisiones radicales sacando de su vida todo lo que le afecte.

⛤ Use aseguranzas de poder y protección, así como velas conjuradas para purificar los espacios.

⛤ Exíjase, en todo lo que emprenda, luche con todas sus fuerzas.

De acuerdo con la vieja magia, siga el flujo del ritmo con la terrible ley del efecto invertido, en lugar de pensar que va a estar bien y todo va a cambiar vibre en la escala, piense que todo va a empeorar, todo va a estar mal, nada saldrá bien, pero debe exigirse por progresar.

Piense siempre, al contrario de lo que desea:

⛤ Si va a una entrevista de trabajo, piense que no le irá bien y será rechazado, pero, váyase bien presentado y hágalo con convicción, pensando que no va a resultar nada.

⛤ Igual con los negocios, siempre piense que nada va a funcionar ni se va a concretar, pero, pondrá lo mejor de su parte a sabiendas de que, no será.

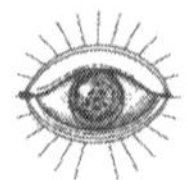

- Nunca de por hecho algo, antes de realizarlo.

- No presuma de sus logros con nadie.

- No cuente sus proyectos.

- No hable de sus desgracias.

- No hable de su felicidad.

- Sea discreto con sus cosas íntimas se pueden volver en su contra.

- No confié en nadie.

- Modifique su vida, acuéstese tarde, levántese temprano, solo sabrá si tuvo un buen día, al final del día, así que no lo piense antes de que el día termine.

- Trate de hacer limpiezas en el baño, destapar sifones de lavamanos, ducha e inodoro.

- Si la considera que en lugar donde habita posee energías pesadas, busque otro lugar así tenga que empezar nuevamente.

- Capacítese, estudie, la magia no podrá actuar si no tiene de dónde construir un nuevo destino.

Rituales

Para armonizar las energías se debe buscar que los cuatro elementos en su hogar estén en equilibrio, Agua, Tierra, Fuego y Aire.

Coloque un Bagua a la entrada de su casa es de buena suerte al igual que purifica las energías, al colocarlo deberá encender incienso durante todo un mes lunar. Ponga plantas en su casa cuídelas, las plantas absorben las malas vibraciones, llegando a morir por permitir que usted viva, eso también le sirve como indicador de las vibraciones que hay en su hogar, se recomienda una mata de sábila o áloe conjurada.

Consiga una olla de barro negra, llénela de tierra negra de jardín, agregue un poco de su orina y siembre semillas de flores, este pendiente de las que brotan, eso hará que las energías que le estén atacando lleguen a las plantas y no a usted, si las plantas no nacen o se pudre la tierra, debe arrojarla fuera de su casa y buscar ayuda mágica, hay una fuerte infestación de energías.

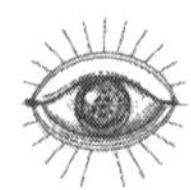

Nunca piense, ni diga, ni presuma, que le está yendo bien, ese el indicador desconocido que le dice que el ritmo ha cambiado y comenzar a irle mal, la ley del efecto invertido.

Debe tener prudencia en su uso, ya que, si no sabe manejar la sutil magia de esta ley, puede terminar decretando que le va mal y así será. El uso de esta ley debe ser con gran sabiduría, no abuse de ella, o de lo contrario tendrá lo que decreta.

Cuando sienta que las cosas mejoran, realice rituales de protección y limpieza de manera frecuente para mantener el equilibrio.

Energías cruzadas de las cosas

De manera similar las cosas se dañan o se corta su energía, esto ocurre por energías psíquicas irradiadas, brujerías, malas manos, abuso, desprecio, falta de cuidado y mantenimiento, suciedad, miseria, abandono, esto hace que los objetos se resientan entrando en conflicto.

Cuando adquiere un objeto de cualquier índole, siempre trate de que sea nuevo y recíbalo con el amor

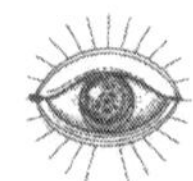

del progreso, si necesita adquirir un objeto de segunda o ya usado, deberá ejecutar un ritual de limpieza mágica para quitar la energía de su anterior dueño y colocar la suya, eso evita que esa energía entre en celo y conflicto con la suya.

Los objetos dañan su energía por:

- Renegar de ellos maldecirlos o insultarlos.

- Abusar de su uso.

- Mal manteniendo, descuido y suciedad.

- Pelear, discutir, insultar, irradiar malas vibraciones mentales les corta la energía y tienden a dañarse.

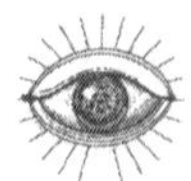

- Prestar sus herramientas de trabajo y luego recibirlas sucias y mal usadas.

- Nunca preste su escoba, atraerá la mala suerte.

- No use sus herramientas u objetos para lo que no están hechos.

- No tenga sexo con sus herramientas, o en automóviles.

- Limpie las energías de cosas.

Para hacer una limpieza debe "curar" las cosas esto se logra, colocando a hervir agua con sal marina, a la cual se le agrega, hojas de eucalipto, menta, ruda, y cicuta, la cual se maneja con cuidado porque es venenosa. Con esa agua, y un paño nuevo, se limpian las cosas que se usan diariamente para quitarles malas energías, talleres, sitios de labor, máquinas, autos, etc. En el caso que sean vajillas, ollas, cubiertos, lo debe hacer sin la cicuta, pero agregue ruda.

Haga para su hogar o trabajo, aseguranzas que se colocan colgadas de las puertas, consiga cabuya de fique delgada, tréncela, sumérjala en agua con sal y déjela secar al sol, cuando esté bien seca, las cuelga, debe estar pendiente de las señales en el caso que haya

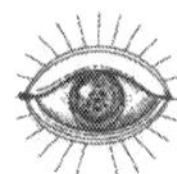

una corriente de mala energía las aseguranzas cambian de color o se rompen, esto aleja los enemigos y las malas influencias, debe cambiarlas en cada estación.

Recuerde siempre, mantener limpio su habitación y lugar de trabajo, acostúmbrese a sacar, herramientas dañadas, residuos de productos, cosas inservibles, todo lo que ya no sea usado, no acumule basura, esto atrae pésimas desventuras o guardar algo dañado esperando repararlo, o conservar cosas ya usadas como futuros repuestos.

Respete su hogar y lugar de trabajo, al igual que lo que posea, las energías son fáciles de dañar, pero muy difícil de restablecer, no preste sus cosas, no sabe cómo se las van a regresar y con qué intenciones.

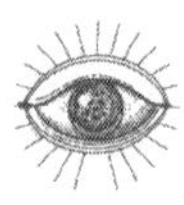

SEÑALES DE BRUJERÍA, CIERRES MÁGICOS Y CONGELAMIENTOS

Dos eventos de alto riesgo, pero necesarios en las operaciones mágicas, algo que se debe ejecutar con conocimiento y prudencia, de no hacerlo las consecuencias pueden ser una vida y destino; destruidos para siempre.

En el universo de la magia, "congelar y cerrar", son dos rituales similares, pero con diferentes fines, se utilizan para contrarrestar una influencia destructiva, protegiendo por un tiempo prudencial a la persona embrujada mientras se ejecutan los rituales de limpieza. Posterior con esto, se debe retirar el congelamiento y abrir el cierre.

Pero… existe un problema, muchas brujas y magos, recurren por petición a ejecutar este ritual sobre alguien, pero dejándolo atrapado en un congelamiento o en un cierre, de manera ingenua, algunas personas se mandan a hacer "cierres" para evitar las malas energías.

Si bien, esos son los cierres impiden que algo ingrese, también evitan que algo salga y la persona queda congelada en estado en que se produjo el ritual, así que su vida no avanza, ni la suerte, ni la fortuna, nada, todo queda estancado, hasta que otro ritual habrá el cierre, con el riesgo que, las energías que se querían evitar atacarán con más violencia.

Toda congelación se produce posterior a un cierre, el cual es creado sobre una prenda, fotografía, cuerpo, habitación, lugar de trabajo, objetos, reflejo o imagen sobre un espejo, o cualquier elemento que tenga la energía de quien va a ser embrujado.

El ritual es algo complejo en su ejecución, pero el resultado es casi instantáneo, es usado con mayor frecuencia en venganzas del amor o amarres, pero también con el ánimo de destruir a quien se considera un enemigo.

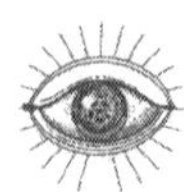

Para realizar el ritual, debe existir una conexión entre quien lo manda hacer y quien será embrujado, no es fácil hacerlo con alguien desconocido, se requiere de tener elementos que contengan la energía y un puente psíquico de algún evento especial.

En el caso de competencias desleales o negocios, el solo acto de obtener un billete de la persona, cerrarle la fortuna, congelarlo en estado en que está, y luego regresarlo previamente conjurado, el cierre se produce, así el billete sea entregado a otras personas, es un vehículo que transporta el conjuro, en bien la persona lo reciba la energía pasa el billete al lugar produciendo los efectos.

Puede existir un cierre sin congelamiento, ese es uno de los rituales más comunes y destructivos, ya que para su ejecución se requiere de elementos fáciles de conseguir, cordones, ropa interior, zapatos usados, fotografías, cabellos, cualquier objeto sirve.

Al realizarlo, la bruja o quien tenga el conocimiento "encierra" a la persona para evitar que algo llegue, pero al tiempo impide que su energía fluya.

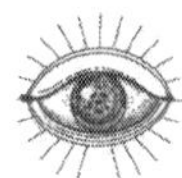

En la gran mayoría de ocasiones son los hombres los que viven cierres sin saberlo. En las mujeres se produce por otras mujeres más en el amor o la belleza, es un ritual difícil de retirar, fácil de realizar.

Igual da señales cuando comienza a actuar, algo que se debe tener presente en el momento en que se tenga algún tipo de problema con alguien, la primera señal, es la actitud de la persona, quien conoce de magia evita discutir, no entra en conflicto, evade los problemas, conoce y sabe que tiene otras herramientas para actuar a distancia.

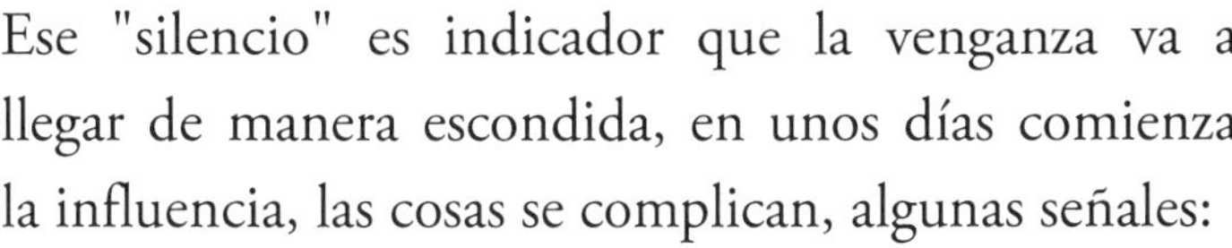

Ese "silencio" es indicador que la venganza va a llegar de manera escondida, en unos días comienza la influencia, las cosas se complican, algunas señales:

- Sentir insectos que caminan sobre la piel.
- Despertarse sobresaltado.
- Tener reflujo sin que exista una razón.
- Sentir que le falta el aire.
- Sudoración nocturna.

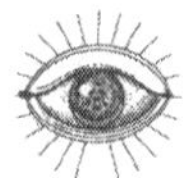

- Ansiedad a lo desconocido.

- Objetos que rompen, llaves, botones, cremalleras, loza, vasos o similares que le crean una distracción.

- Sentir angustia repentina.

- Comenzar a tener obstáculos, trancas, barreras en lo que hace.

- Sentir que no avanza ni progresa.

- Esforzarse y no producir nada.

- Tener frigidez o impotencia sexual.

- Tener sueños de oscuridad, cadenas, lazos, ataduras, amarres, lastres, tumbas o cárceles, etc.

- Tener secuencias de situaciones complejas una detrás de otra.

- Tener iguales señales o parecidas con las energías cruzadas.

Los cierres poseen un gran poder oculto, consiste en que se percibe su influjo inicial, pero el efecto sigue de manera lenta, paulatina, sistemática, cuando la

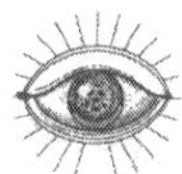

persona se da cuenta han pasado meses recibiendo la influencia.

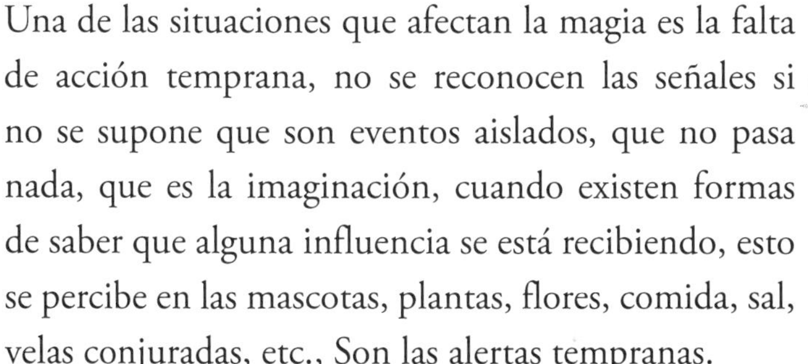

Una de las situaciones que afectan la magia es la falta de acción temprana, no se reconocen las señales si no se supone que son eventos aislados, que no pasa nada, que es la imaginación, cuando existen formas de saber que alguna influencia se está recibiendo, esto se percibe en las mascotas, plantas, flores, comida, sal, velas conjuradas, etc., Son las alertas tempranas.

- Si la sal se vuelve dura como la roca.

- Si la sal se humedece.

- Si la leche se corta tres días seguidos.

- El queso o la mantequilla se dañan.

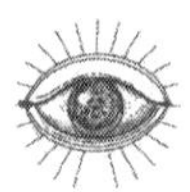

- Las plantas se secan.

- Las puertas se traban.

- Las mascotas se tornan melancólicas sin estar enfermas.

- Los perros ladran a las paredes o los gatos se alteran.

- La loza toma mal olor.

- Las cañerías se tapan.

- Al levantarse en su cama quedan cabellos que se caen durante la noche, no de manera normal, sino en cantidad.

- Las uñas pierden el brillo.

- El perfume no permanece.

- La espuma del jabón se corta quedando agrietada.

- Las comidas cambian de sabor o se descomponen.

- Aparición de insectos noctámbulos.

- Moscas verdes o azules, siempre que no sea en primavera o verano.

- Los amigos, amigas, se alejan sin razón.

- Ensuciarse de manera constante, todo se le riega o se le cae encima

Por ingenuidad algunas personas, ejecutan estas acciones en ocasiones con desconocimiento, haciendo rezos o cierres en recién nacidos con el deseo de evitar la mala suerte o el mal de ojo, de esa manera "congelan" la energía, lo mismo sucede con el "cierre" que se hace al conservar, atar, guardar, cabellos, uñas, ombligo de los niños, esto impide que avancen y progresen.

Los cierres impuestos como protección al igual que no permiten que ninguna energía ingrese o altere la vida, de la misma forma impiden que se pueda fluir, avanzar y progresar, el cierre es eso, un cierre.

Ahora, los cierres impuestos por brujería, congelan, limitan, atrapan, anulan, constriñen, quienes viven ese tipo de embrujos no pueden progresar, llegan a un punto y de ahí no avanzan, esto puede durar toda la vida.

Contras

Lo primero es ser consciente que se ha realizado un cierre de manera voluntaria, bien para protección, o por curiosidad.

Dos, evaluar la vida, observar en qué momento se comenzó a presentar las dificultades, qué o quiénes pudieron influir de manera negativa.

Tres, revisar que actos se cometieron en contra de otras personas que pudieran desencadenar la venganza ejecutando este tipo de influencia.

No existe una contra para todos los cierres, depende de las causas que los generaron, amor, venganza, odio, ataduras, protección, etc.

Pero algunas sugerencias de las brujas pueden ayudar a "abrir" lo cerrado mientras ejecuta los rituales de apertura de la abundancia.

Teniendo en cuenta que, al hacerlo, estará vulnerable a otro tipo de influencias por eso es importante.

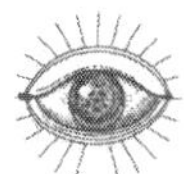

Al tratar de abrir un cierre se debe tener de antemano elementos de protección.

- Velas conjuradas
- Aseguranzas
- Pociones mágicas
- Rezos y oraciones sagradas
- Un altar de brujas
- Un espejo encantado en las noches plenilunio

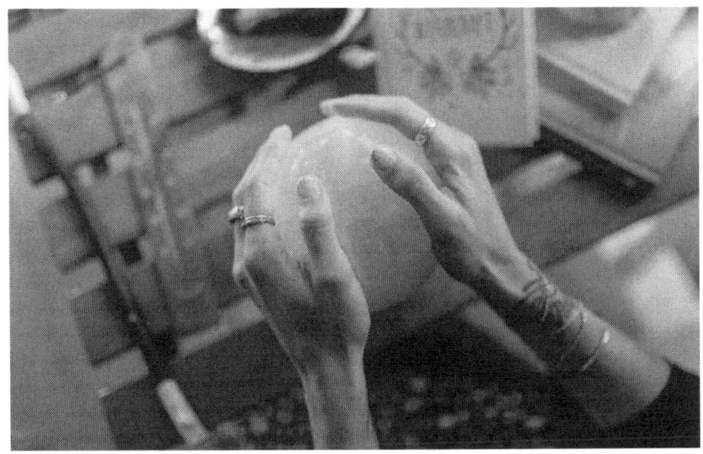

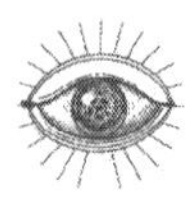

CIERRES MÁGICOS Y CONGELACIÓN PARA PROTECCIÓN

Los cierres que se ejecutan dentro de las artes mágicas son realizados de manera temporal, mientras se ejecutan rituales de limpieza, protección transferencias mágicas, sanación, atracción de la fortuna, etc., estos rituales junto con los congelamientos, los realiza la bruja y el mago, aislando la energía de la persona o traspasándola a un fetiche.

Son de mucho cuidado, todo cierre y congelación, debe posteriormente ser liberado, de lo contrario, permanecerá vigente, por eso, es importante que conozca las habilidades y sabiduría de la bruja o el mago que lo realice.

¡Advertencia!

Dentro del mundo de la magia, existe un ritual "**Captus in Tenebris**" atrapados en la oscuridad, consiste en ejecutar cierres y congelamientos, pero, dejando atrapados dentro del campo de la persona, enfermedades, pobreza, tristeza, dolor, entidades de tormento, desgracias, accidentes, sin producir la muerte.

Estos pueden ser "impuestos" por una bruja o un mago, para liberar o desatar los que otra persona puede tener, la transferencia mágica, es un traspaso para retirar un maleficio de alguien y pasarlo a otro, una terrible cadena de sufrimientos. Esto ocurre con frecuencia, razón que algunas personas viven verdaderos cambios en sus vidas sin saber qué ha ocurrido.

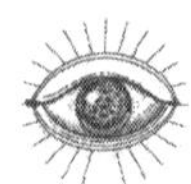

No cualquier persona lo puede realizar, pero, muchas lo mandan a ejecutar, debe existir un profundo resentimiento, una venganza muy intensa, un dolor muy grande, para ejecutar este cierre.

La contra, es traspasarlo a otra persona o lugar, igual se puede realizar sobre animales, ríos, quebradas, árboles, desiertos o sal, pero, es un proceso de riesgo si no se ejecuta bien.

Teniendo en cuenta que las energías pueden retornar a todos los que han participado.

Solo las brujas y los magos versados en las artes conocen las técnicas, para abrir cierres, anular congelamientos, atrapar y traspasar energías.

Aún los aprendices pueden correr riegos, con este tipo de alta magia, es prudente ir despacio, conocer paso a paso las diferentes opciones y siempre tener en cuenta, la razón o causa inicial por el cual se impuso un cierre o se hizo un congelamiento, existen puertas que nunca podrán cerrarse.

Si una persona considera que le impusieron un cierre, bien por un acto mágico o por una transferencia, debe

buscar en su consciencia que eventos ocurrieron para que esto ocurriera, algo hizo que la magia actuará, quizá al encontrar la respuesta y solucionar con humildad lo que haya sucedido, el cierre por si solo se disuelva, en muchas ocasiones en el mundo de la magia los cierres se terminan cuando las personas evalúan sus actos y reconocen que hicieron algo en contra de alguien, al buscar y sanar esas heridas ese cierre pierde el poder.

Cuando no es posible encontrar y resarcir el error o el daño causado, debe asumir las consecuencias de sus actos, la magia ayuda, pero no cambia las acciones cometidas, todo pasa por alguna extraña razón.

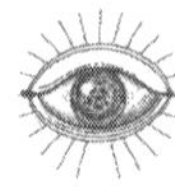

WICCA

SEÑALES DE BRUJERÍA EN EL AMOR

Una de las brujerías más utilizada, es la magia del amor, atraer, alejar, atar, separar, encantar, dominar, hechizar, destruir, vengar, maldecir, etc., Las brujas o los magos que dominan la magia encuentran en la brujería del amor y el dinero, son dos de los poderes que más se buscan, el juego de los sentimientos difíciles de manejar y el juego de los egos lastimados.

Los intereses superan al amor, se recurre a la brujería para obtener beneficios que, entre otras cosas están muy lejos del verdadero amor.

Algo que se debe comprender en el mundo de la magia es, que la magia no puede "obligar" a nadie a amar a quien no quiere, así que cualquier ritual que se ejecute es para crear una dominación, pero nunca amor.

Lo que produce un hechizo es sometimiento, subyugación y obediencia, pero esto esconde un gran peligro, la persona hechizada se volverá dependiente, será intensa, ahogará a quien la encanto, sufrirá si no está cerca, perseguirá, constreñirá, no aceptará razones, no le importa morir, se enloquecerá, no dejará en paz

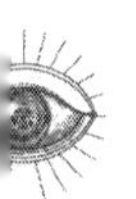

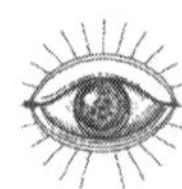

a su dominador, llegará a las últimas consecuencias en su desesperación, y, es tal la presión que quien hizo el hechizo llegará a la locura sin saber como retirar a esa persona, que le atormenta, le acosa, le persigue, hasta que todo termina de una forma falta, suicidio, muerte o cárcel.

Para tener en cuenta, ningún hechizo de amor puede deshacerse, la magia no premia el abuso, ni se presta para crear dolor, quien hace un ritual de amor, busca someter y dominar, no amar.

Y dominar y someter es otra cosa, por doquier brujas y magos conocen ese arte que es fácil de conseguir, al cual muchas personas desconociendo las consecuencias recurren con el afán de tener a alguien a su lado, bien por suponer un amor, bien por algún interés oculto.

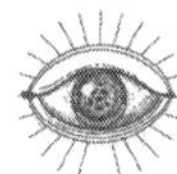

HECHIZOS DE AMOR

Dos pedidos se hacen en los hechizos, atraer o alejar, y dentro de estos dos, viene la venganza, el desprecio, el daño, la destrucción de la belleza, la maldición, el sometimiento y dominación.

☽○☾ Atraer

⛤ Hechizo para atraer un hombre o una mujer que es pareja de alguien conocido.

⛤ Hechizo para encantar por intereses económicos, sociales, laborales o venganza.

⛤ Hechizo para atraer y dominar para luego abandonar causando pena y dolor.

- Hechizo para dominar anulando la vida de otra persona, por capricho, venganza o interés.

- Hechizos colectivos o poder para influir y dominar sobre las personas, por el interés de la prostitución o negocio sexual. (Hoy muy común)

- Hechizos de amor, para obtener idiotas útiles o colaboradores gratuitos.

- Hechizos para dominar por prostitución y obtener grandes beneficios económicos.

- Hechizos para enloquecer, destruir, confundiendo el amor, solo por satisfacción.

- Hechizos para dominar a quienes rechazan, el ego lastimado lleva a decisiones equivocadas.

Los intereses son variados y extensos, menos son amor, el amor es algo que se gana no se impone, por eso es en la magia uno de los rituales que no se pueden realizar, no se impone el amor, se imponen otro tipo de influencias, ninguna de estas se puede deshacer, no existen contras.

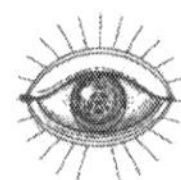

Señales de atracción

- Fijación mental, de la imagen, la voz, la presencia, el nombre de una persona, algo que aparece de forma espontánea, sin que antes hubiese existido ningún interés.

- Indiferencia total de alguien que antes actuaba de manera amable, quien manda a hacer un hechizo de amor, se aleja de la persona o la rechaza para que el hechizo tome fuerza, ese rechazo abre la puerta y la persona comienza a pensar en la razón del porqué de la indiferencia.

- Sueños eróticos con una persona que no le interesaba, pero despierta la inquietud y la atracción.

- Sentir imposibilidad sexual con su pareja o falta de erección mientras llega a la mente la imagen de otra persona que le inquieta.

- Tener erecciones involuntarias, pero pensando en alguien indefinido.

- Tener relaciones sexuales, pero sentir que se está con otra persona que antes no importaba.

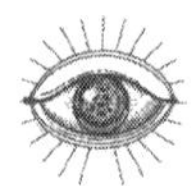

- Sentir deseos de llamar y hacerlo con cualquier disculpa, el hechizo está actuando y la mente busca la unión, es el comienzo del sometimiento.

- Perder el sentido de bienestar en el lugar donde se está y pensar en cambios.

- Aborrecer de un momento a otro a la pareja, sentir que el amor se acabó.

- Tener pensamientos eróticos, diferentes con lo que se vive, desear aventuras, sentir que algo está cambiando.

- Tener un fuerte sentido de obediencia hacia una persona determinada.

- Comenzar a "admirar" a alguien sin una razón especifica.

- Tener insomnio pensando en alguien, que antes no despertaba ninguna inquietud.

- Sentir que la personalidad ha cambiado, así lo comentan las personas cercanas.

- Alejarse de las personas que le rodean, evitar las invitaciones, cambiar de actitud, aislarse, buscar riesgos o aventuras con alguien que apareció de repente.

- Sentir nervios, ansiedad, incomodidad, excitación al estar cerca de la persona que le influye.

Todas estas señales concluyen en los encuentros, minimizando la razón, vienen los cambios de personalidad, que normalmente, quien es influenciado hombre o mujer, no los acepta, y, por esas reclamaciones se aísla.

La persona hechizada no reconocerá el hechizo de dominación, dará justificaciones, entrará en conflictos, defenderá sus "aparentes" sentimientos, se ha despersonalizado.

Es alguien diferente, solo vive, piensa, siente, en pro de quien la está influyendo, hasta el extremo de abandonar todo por seguir a quien le domina, esto es igual para hombres o mujeres.

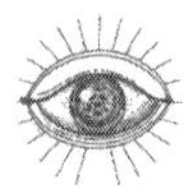

Las influencias se vuelven más fuertes y la vida cambia, llegan los embarazos, los matrimonios, las fugas, la convivencia, y el inevitable desastre.

Con el paso del tiempo el hechizo se fortalece al estar unidos el ciclo se aprieta, quien hizo el hechizo se enfrenta al cansancio, la persecución el acoso, se trata de romper lo realizado, pero no se puede deshacer, la presión mental, el desgaste físico, la persecución, la intranquilidad que involucra familias, termina en violentas separaciones y aún a pesar del maltrato la persona hechizada quiere continuar.

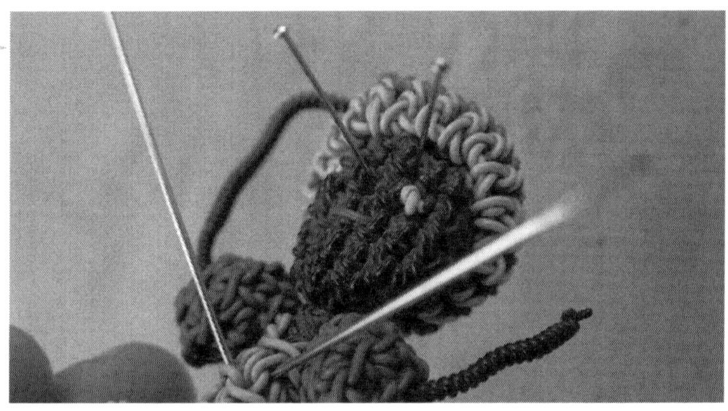

No hay nada que mágicamente se pueda hacer, el hechizo y el sometimiento minan la vida y destruyen las ilusiones, tanto quien lo hace como quien lo recibe terminan sufriendo.

Con algunos rituales, se rompe en algo la dependencia, pero el daño ya está causado, las personas siguen viviendo, pero nunca serán igual que antes, es uno de los más desventurados rituales de la magia.

Reconstruir un alma lastimada no es fácil, pero existe no un ritual sino una acción que puede ayudar, en el momento en que todo explota, cuando la crisis llega, la soledad temporal es el mejor recurso, es un riesgo, pero quienes rodean a la persona pueden ayudar, la soledad purifica, al dejarla en el "abandono" cae en profundas depresiones y así debe ser, el espíritu debe apagarse para volver a empezar, al final de un tiempo, quizá un año, de manera lenta va despertando, si tiene la motivación y el apoyo necesario, no será lo mismo que antes, pero podrá mejorar y sí se busca ayuda mágica, para hacer limpiezas, rituales de sanación y liberación puede rehacer la vida. Si quedan hijos o lazos, siempre existirá el peligro de volver a caer.

No es difícil encontrar tanto mujeres como hombres que tuvieron un "supuesto amor", y después quedaron en un profundo vacío difícil de superar. Si no hay hijos ni lazos, las mejores técnicas para superar el hechizo si la persona quiere mejorar su vida, son:

- Liberación de la energía contenida mediante el entrenamiento deportivo de alto rendimiento dos horas diarias, de forma fuerte, liberar la ira contenida, sudar todo al máximo, eso purifica y renueva las energías, el entrenamiento debe ser todos los días por un mínimo de nueve meses seguidos, el mismo tiempo de la gestación.

- Durante el tiempo de entrenamiento evitar las relaciones sexuales, pero satisfacerse en solitario o masturbarse, evitando las imágenes del pasado, creando fantasmas sexuales.

- Utilizar velas conjuradas y aceites de limpieza, frente a un espejo encantado donde se refleje la imagen, fuera de desvanecer el hechizo atrae la suerte, el poder y la fortuna.

- Iniciar algún tipo de estudio hasta concluirlo proponérselo, empoderase de la vida.

- Aumentar la autoestima rechazando toda propuesta afectiva, pero compartiendo con más personas sin involucrarse ni afectiva ni sexualmente.

⚝ Anular y alejarse de todas las personas que no sean cercanas, amigos en común con la expareja, "amigos sociales" limitarse a las personas cercanas que le sirvan de apoyo.

⚝ Cambiar toda la ropa usada antes de la separación, así como todos los objetos que puedan producir recordación, fotografías, joyas, regalos, todo el pasado debe ser destruido, regalado, vendido o enterrado.

⚝ Al final de un año ejecutar el ritual de renacimiento:

Se requiere:

Solo se puede realizar si en su mente ha ejecutado lo expuesto, si toma atajos haciendo este ritual sin haber cumplido con usted, lo único que hará será engañarse, cerrará para siempre en su vida la oportunidad de haber mejorado, la magia no es un juego, usted en su consciencia sabrá sí se está engañando, al hacer el ritual y mentirse a sí mismo lo que va a lograr es aumentar su sufrimiento, no tendrá segunda oportunidad, siempre su mente le recordará que se ha fallado, como sugerencia, haga todo el proceso y sin duda logrará grandes beneficios.

- Busque una playa solitaria, lleve una pala, pequeña. Tendrá que volver a nacer.

- Consiga tres pociones sagradas, Magicae Purgatio, Sacrum Odorem, Nox Óleum

- Tres velas conjuradas diosa Hécate.

- Exfoliante de brujas Nigrum Harenae

Para este ritual se requiere de todos los nueve meses mínimos de entrenamiento.

Paso uno

Busque la playa trace un triángulo en cada punto pondrá una poción sagrada en cada esquina junto con una vela.

Paso dos

Debe mirar que pueda cavar en la arena iniciando en el triángulo, deberá hacer un túnel de al menos dos metros, cavar, luchar, exigirse, arrastrarse, sacar la arena, seguir cavando, requiere de esfuerzo, ganas, y no aceptar renunciar.

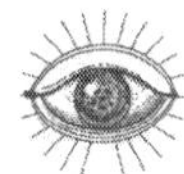

Dos metros de túnel, simbolizan el parto, todo el proceso del nacimiento, no se requiere que sea profundo, pero que tenga que lucharlo.

El momento importante es cuando sale al otro extremo y supera su reto, tanto del entrenamiento como lograr un cambio en su mente y espíritu.

Paso tres

Encienda las velas que deben estar dentro del cono hecho en la arena para que el viento no las apague, colóquese dentro del triángulo, mezcle las tres pociones mágicas de poder con la arena que esta pegada sobre su cuerpo, friccione de las rodillas hacia los pies exfoliando y humectando, debe usar las tres esencias sagradas.

Paso cuatro

Ingrese al mar, sienta el poder de la libertad, haga un baño con la arena del mar por todo su cuerpo, tómese un tiempo, cierre el pasado.

Ahora debe salir de espaldas del mar, un renacimiento de su vida.

No hay oraciones, no hay rezos, el poder de Hécate se libera al encender las velas, la fuerza es la suya, el poder es el suyo, la libertad es la suya.

… Todos los hechizos de atracción son de dominación y sometimiento, de no controlar desde el inicio evitando caer en las redes de quien domina, se termina destruyendo la vida.
Esto ocurre tanto a hombres como mujeres, se va minando los estados emocionales, se cae en el maltrato y la dependencia, la vida cae en un espiral de sufrimiento del cual es muy difícil escapar.

Las señales y contras

Usted puede estar siendo influenciado con un hechizo de atracción cuando:

- Siente que pierde la voluntad.
- Piensa demasiado en una persona, a la cual inicialmente rechazaba.
- Tiene pensamientos eróticos con esa persona.
- Lucha por encontrar justificaciones para acercarse.
- Siente que cuanto más le rechaza más atraído está.
- Pierde el interés y la atención en sus prioridades por dedicar tiempo a esa persona.
- Rompe sus conceptos morales, no le importa nada, puede renunciar a todo por estar con él o ella.

Cuando se percibe que existe una influencia que está alterando su vida, es el momento de parar, alejarse, volver a tomar el control de su mente, buscar otras distracciones, un hechizo de atracción en el inicio es

muy frágil y fácil de bloquear, es cuestión de evitar "obedecer" a quien comienza a influir.

Empodérese de su vida, siempre, no obedezca, no se deje influenciar, siempre tenga el control, no acepte ofrecimientos, es importante que no se aísle, averigüe e indague quien es la persona, cuál es su pasado, pero recuerde que es su libertad.

Toda relación debe estar antecedida por el conocimiento mutuo, eso lleva tiempo, el hechizo de atracción es un "sentimiento" que nace de manera espontánea.

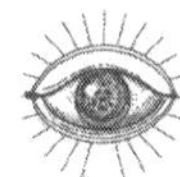

HECHIZOS DE ALEJAMIENTO

Es el otro extremo de la magia, impulsado de igual manera por intereses, se crean influencias para hacer que dos personas se separen, se odien, se alejen. El contenido mágico va acompañado de comentarios destructivos, insinuaciones, actos malvados, trampas y tentaciones, todo lo que pueda alterar a una o a las dos personas.

Normalmente, las personas más cercanas son las peores enemigas del amor y éxito lo siguiente sirve como indicador:

⛤ Suegros, en su gran mayoría y, de acuerdo con el interés ven en los yernos y nueras enemigos de sus hijos, bien por el factor económico, social, atención, dependencias emocionales, miedo al abandono

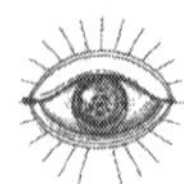

y soporte. Recurren a la magia para destruir las relaciones.

⛤ Familiares, tíos, hermanos, primos, cuñados, cuñadas, los "celos" de familia y en casos comunes "amores escondidos" quienes se enamoran en silencio de otros, luchan por impedir que sean felices, buscan a toda costa la separación.

⛤ Amigas, amigos, que se sienten "abandonados" perdiendo la atención de quien se ha enamorado, buscan recuperar quitando lo que se interpone, algo que es común y termina en destrucción.

⛤ Compañeros de trabajo, amigos cercanos que no han logrado la estabilidad emocional, separados, fracasados, inestables, etc., la envidia y los celos, llevan a extremos de impedir que otro sea feliz, un sentimiento de equilibrio, "no soy feliz, nadie puede serlo"

⛤ Exparejas, un ego ofendido, un desprecio, un cambio, un remplazo, eso genera una profunda sed de venganza, el inicio de una guerra sin tregua, se considera que esa persona no tiene derecho de ser

feliz, se recurre a fuertes brujerías con tal de destruir esa relación, se llega a verdaderos extremos de maldad.

Toda relación afectiva está sujeta a este tipo de influencias, ataques que provienen de todos lados, chismes, cuentos, enredos, comentarios, insinuaciones, seducción para buscar "pruebas" de una traición, todo programado con tal de dañar la relación, encuentros sexuales planeados e impuestos, fotografías, todo lo que se pueda obtener para destruir.

Cuando se recurre a la brujería para un alejamiento, se termina alterando la vida en todos los sentidos, se daña la suerte, la salud, el bienestar, se crean profundos desastres que dañan toda la vida, es una de las magias más destructivas, afectan hogares, economía, niños, profesiones, futuros.

La pregunta ¿Quién hace este tipo de brujerías recibe algún castigo?

La bruja o el mago solo hacen el "trabajo" no toman partido algo que se debería evitar, pero, la magia destructiva es una opción, solo cumplen con el deseo de quien a ellos recurre para eso. El pago que reciben por crear la influencia corta cualquier puente psíquico,

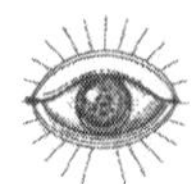

así que no reciben influjo de regreso, pero, no tan rápido, la bruja o el mago que llevan la magia a la oscuridad y se prestan para destruir, terminan siempre destruidos por su propia magia.

No hay nada peor para una bruja o un mago, que el olvido y la desgracia en la vejez, un sufrimiento eterno.

Ahora, quien manda a hacer o hace por decisión, algo muy común porque se encuentran muchos rituales de fácil ejecución o aprendidos de las abuelas, su vida siempre será un desastre recurre a la magia destructiva y será destruido por su magia.

Contras

No existe una contra luego de la influencia, solo se puede prevenir, después que se han creado los eventos el proceso no se detiene.

- Evite hablar de su vida íntima.
- Filtre los amigos o mejor evítelos.
- Suegros, cuñados y familia, alejados.
- No presuma de su relación, sea discreto.

- A nadie le importa su vida, no comente.

- No escuche chismes o cuentos, y si lo hace compruebe que sean reales.

- Recuerde, muchas personas pueden programar "trampas" y tentaciones para inducir a alguien a un error y luego usar eso en su contra.

- Desconfié de todos y no confíe en nadie.

La discreción y la reserva son los mejores aliados para no atraer envidias y celos que son las causas que originan los ataques destructivos, siempre debe hacer, baños de protección, usar aseguranzas del amor, talismanes, filtros, amarres y endulces, collares mágicos, esencias y aceites sagrados, velas conjuradas que alejen los enemigos, conocer de magia y rituales, ayuda a protegerse.

Aceites de protección

- Luna óleum

- Sol radiis óleum

- Serpens óleum

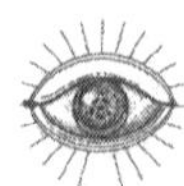

⛤ Oculus caeli óleum

Estos aceites sagrados de brujas protegen las relaciones del amor, alejando rivales, exparejas, cierran las bocas venenosas, evitan los suegros, alejan las envidias traen la suerte.

Toda influencia da señales, pero la puerta la abre usted, sus problemas no debe ventilarlos con cualquier persona, las discusiones de pareja se deben manejar en la pareja, no hable mal cuando esté ofuscado o alterada, no se deje llevar por sentimientos encontrados, siempre esté pendiente de su relación, si llega el desamor aclare sus sentimientos eso le evitará grandes sufrimientos.

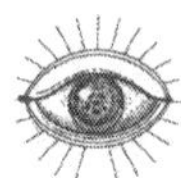

AMARRES Y ENDULCES DEL AMOR

Los amarres de amor, junto con las ataduras y endulzar, son rituales mágicos de gran poder, ejecutados por brujas o magos para mantener blindada una relación permitiendo el progreso y la felicidad.

Si bien es normal, considerar que el amarre, endulce, ataduras, son para el amor, en la magia se usa para otras influencias, amarres dinero, salud, suerte, bienestar, fortuna, riqueza, éxito, el principio es el mismo, tanto para construir y proteger, como para debilitar y destruir.

Ahora bien, son dos tipos de amarres y endulces, para atraer someter, subyugar, limitar, atar, destruir, dominar, o, para proteger fortalecer cuidar, apoyar, construir, aumentar, fluir, liberar, concentrar el poder en el crecimiento y la abundancia.

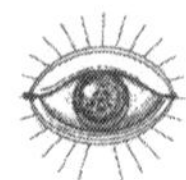

☽◯☾ Amarres de protección

Son necesarios en la magia, para atar la suerte, el amor, el dinero, la riqueza, etc., estos deben ser realizados con conocimiento y aceptación, una pareja que desea cuidar su relación ejecuta un amarre de amor voluntario en el cual se involucra la fortuna y el progreso.

Hacer un amarre es crear una unión mágica, algo que realiza una bruja o un mago, fundiendo dos elementos en uno, existen miles de amarres dependiendo de las intenciones.

Pero, si se desea crear uno, se debe unir dos prendas de ropa interior usadas, atadas con una cinta amarilla, junto con los elementos que se desean atar a la vida, dinero, lujos, viajes, etc., las prendas anudadas se dejan al influjo de la luna llena durante tres días, luego se conservan en un lugar oscuro. Esto se debe hacer con aceptación de cada uno, al estar unidos se evita que influencias externas dañen el fluir y la suerte, pero… si uno de los dos tiene codicia sobre el otro todo se daña, transformándose en destrucción, un amarre no se hace con cualquier persona. Si se deshacen los nudos, todo se libera.

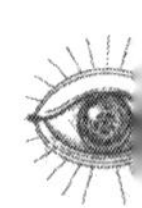

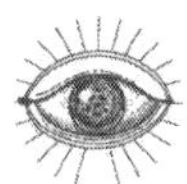

Quien desea un amarre para su vida, debe recurrir a una bruja o mago versado en las artes para crear un pacto duradero, pero es algo que se debe pensar con detenimiento, si las situaciones cambian con el tiempo se puede terminar perdiendo más de lo que se gana.

Amarres del dinero

Todas las cosas son susceptibles de atar, entre ellas la fortuna y la riqueza, hacer un amarre de fortuna no es fácil y requiere de conocimientos mágicos, algo costosos, es muy simple; querer tener dinero y fortuna, no es algo que se haga de manera sencilla, las brujas y magos que conocen las técnicas son reservados en cuanto con los procedimientos, algo que todo el mundo quisiera poseer sin dar mucho, mantener una fortuna requiere de conocimiento, saber invertir, conocer de finanzas y estrategias, no es solo atraer la suerte, es mantener la suerte.

Hacer un amarre de riqueza requiere de responsabilidad, conocer los riesgos que esto entraña, se atrae la fortuna, pero también malos negocios, vicios, enemigos, desastres, intereses ocultos, todo el mundo querrá su dinero.

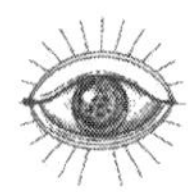

Pero puede obtener la suerte y fortuna sin hacer un amarre, utilizando elementos mágicos, oro, monedas, plata, plantas, aceites sagrados, velas, etc., y ante todo conociendo los ciclos estacionales y las fases lunares para ejecutar los rituales.

Se recomienda:
Polvillos sagrados:

- Diaboli Fortunam
- Nox Aurum
- Haeream Argentum

Estos polvillos de brujas se utilizan junto con objetos de valor, para que la vibración aumente en el lugar de trabajo, fabrica, negocio, oficina, no sirve para el hogar, solo para los lugares donde el dinero se multiplica.

Al usarlos, los bloqueos desaparecen, la fluidez de la riqueza se presenta, dando la oportunidad de aprender a manejar la riqueza, pero, si se abusa de su poder, se derrocha, se desperdicia o se juega en el azar, todo se pierde. El manejo de la riqueza está ligado a una gran responsabilidad.

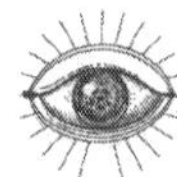

Aceites sagrados de la diosa fortuna

- Aurum Óleum
- Flamma Óleum Sanctum
- Mannun Óleum

Estos aceites se deben usar junto con las velas que liberan la codicia, la avaricia, la tentación de tener más, sin estos deseos no existe fortuna.

Puede que parezca extraño, pero en la magia es real, quien no codicia no tiene, quien no es egoísta y avaro, derrocha y desperdicia, quien no se siente tentado a tener, no tiene.

Ahora, el manejo de los extremos depende de cada cual, teniendo en cuenta que toda fortuna, riqueza y tesoros, son temporales y efímeros, nadie se lleva nada cuando la muerte sobrevenga, pero, la idea de tener es para saber administrar, generar, crecer, disfrutar de la vida, no solo el acto de poseer. La riqueza sin sabiduría es la pobreza absoluta.

Amarres impuestos

Al igual que los hechizos de amor, los amarres o ataduras impuestas, son rituales de dominación, nunca de amor o fortuna.

Estos son creados con el ánimo de "obligar" a alguien a algo que no quiere o no le nace. Atar a una persona es limitar su libertad, su vida, sus sueños, sus deseos, anhelos e ilusiones, es en sí destruir una vida, hacerla a como quiere quien hace el amarre, esto lleva a fatales consecuencias, de manera similar con los hechizos de amor, este amarre no se puede desatar, posee una cualidad maldita, cada día se amarra más, eso quiere decir que la persona "amarrada" se vuelve más intensa, controladora, dependiente, molestará por todo, querrá estar presente a toda hora, se convertirá en un verdadero sufrimiento, el cual no se puede sanar.

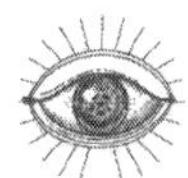

Un amarre impuesto no se puede deshacer el daño que causa perdura toda la vida, así quien se arriesga a realizarlo debe saber que un amarre impuesto el final es la desgracia o la muerte de uno de los dos, o los dos, o la destrucción total de las vidas. El que hace el amarre no se libera del amarrado, jamás, con la gravedad que cada día estará más atado. Las únicas opciones son similares con los hechizos de amor que en sí son rituales de magia de dominación.

Amarres impuestos a la riqueza

Ahora, los amarres impuestos para atar la riqueza, fortuna, progreso y demás, cuando estos son realizados para destruir o limitar la vida económica de alguien, se debe recurrir a un amarre similar, esto significa crear un amarre que amarre al amarre inicial, para hacerlo, es importante tener en claro que no exista una "deuda" por la cual se haya realizado.

Las deudas que impulsan a crear sobre alguien un amarre de dinero son sentimientos alterados que denotan sufrimiento y dolor, en otras palabras, una fuerte venganza por un daño causado. Mientras persista esa emanación de energía, no se puede anular el influjo, por ende, el amarre se mantendrá igual, así se ejecuten

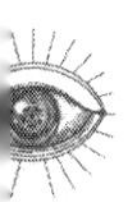

otros rituales. La sugerencia de la magia es evaluar las causas que iniciaron el suceso, nadie hace un amarre de dinero por el solo deseo de causar daño sin una razón, de hecho, sin un sentimiento de venganza, justicia, compensación, el amarre no tendrá poder. La ley de la compensación es inevitable, la justicia es perpetua, la balanza por sí solo siempre tiende al equilibrio, se debe revisar el corazón antes de buscar una solución. Al encontrar una causa se actúa armonizando las energías, la compensación hace que el amarre por sí solo al cambiar la intención desaparezca.

Los amarres del dinero pueden ser solo pensamientos irradiados con dolor, cuando se percibe que la economía está mal, que todo se bloquea, se entra en dificultades, perdidas, nada se concreta, el dinero pareciera esfumarse, las deudas crecen, no se avanza ni se progresa esto se debe revisar.

- ¿Debe dinero a alguien que lo necesita, pero usted no lo ha cancelado?

- ¿Presto o tomó dinero de alguien sin que supiera?

- ¿Tiene hijos o personas abandonadas que requieren sustento y es su obligación?

- ¿Ha abusado de la amistad de alguien y no ha devuelto lo prestado?

- ¿Ha abusado de alguien al ofrecer algo y luego no cumplir?

- Las promesas económicas a cambio del interés sexual que no se cumplen, son amarres difíciles de romper.

- ¿Traicionó la confianza de alguien para obtener un beneficio económico?

Son miles de razones por las cuales una persona resentida, puede crear un cierre mágico de manera voluntaria o involuntaria, una mujer abandonada con sus hijos irradia un sentimiento de dolor, venganza, ira, contra quien la abandonó, ese sentimiento es suficiente para atar a la persona, todo le saldrá mal.

Bajo esas condiciones, difícilmente el amarre se puede romper, existe una "deuda mental" que anula cualquier ritual, mientras no se pague, la compensación seguirá actuando.

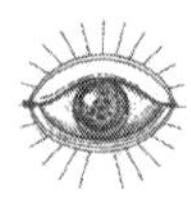

SEÑALES DE BRUJERÍA ECONÓMICA

De estas influencias, nacen todas las brujerías de limitaciones económicas, ataduras, fracasos, quiebras, desastres, incendios, robos, mala suerte, etc., alguna irradiación crea la ruptura de la suerte, corta la energía del progreso.

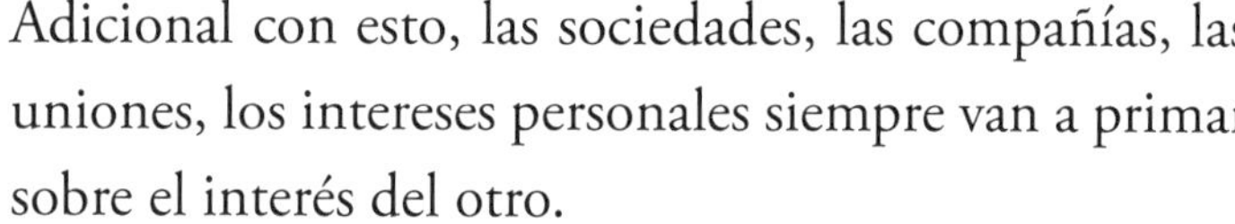

Adicional con esto, las sociedades, las compañías, las uniones, los intereses personales siempre van a primar sobre el interés del otro.

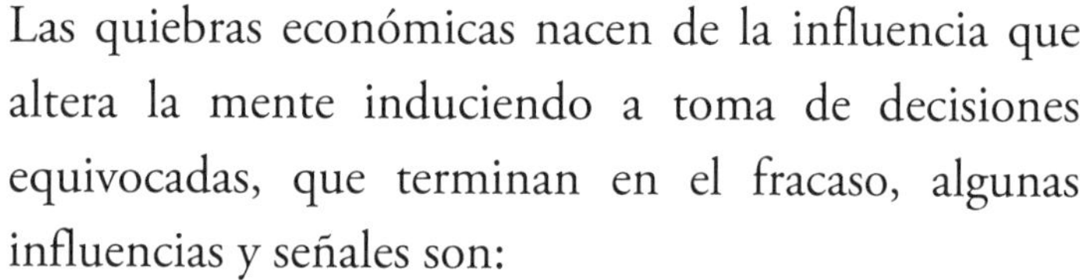

Las quiebras económicas nacen de la influencia que altera la mente induciendo a toma de decisiones equivocadas, que terminan en el fracaso, algunas influencias y señales son:

⛤ Celos profesionales, inducen equivocaciones u ofrecimientos de malos negocios con la intención de hacer fracasar.

⛤ Mezclar sexo y dinero o relaciones con negocios, termina en fracaso, si no existen procesos claros y firmados.

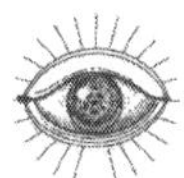

֍ Cuando de repente la economía cambia, se debe evaluar, ¿quién ha llegado a su vida?

֍ ¿Qué sucedió un mes atrás?

Las brujerías creadas para destruir economías provienen de los más diversos lugares, un vecino resentido, competencia, un empleado vengativo, una mujer caprichosa, un familiar, etc., todo progreso atrae enemigos.

En el caso que no exista una deuda, si no sea la envidia que le tienen por progresar debe recurrir a los contras preventivos.

Ejecutar rituales de protección, poseer siempre en su sitio de trabajo, plantas, móviles, figuras encantadas, usar talismanes, aseguranzas, amuletos, collares sagrados, símbolos mágicos, y, lo más importante un espejo redondo conjurado.

Existen miles de contras para anular las energías que limitan la economía, algunos rituales fáciles de ejecutar, otros, dependen de la situación específica, no se pueden generalizar la magia destructiva, todas las intenciones son diferentes.

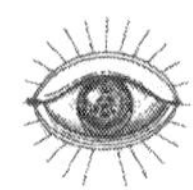

El mejor método de protección y prevención es un fetiche de su dinero, al cual le llegan las energías que le irradien.

Pero, es de recordar que no todas las quiebras económicas obedecen con una brujería, una mala sociedad, falta de administración, derroche, malas decisiones, falta de visión comercial, presunción, inversiones fallidas, atajos, juegos de azar, pueden llevar al colapso económico, son situaciones que se deben evaluar, antes de suponer un influjo mágico.

Debe conseguir:

- Una alcancía pequeña
- Una prenda interior que esté usada y sin lavar
- Cinta dorada y cinta negra
- Azúcar morena
- Un tabaco

Lo que va a realizar es un fetiche de dinero, a él le llegarán las malas energías que le irradien, ejecute lo siguiente:

Dentro de la alcancía, deposite 66 monedas de la misma denominación, pero, estas deben haber permanecido con usted al menos por tres días.

Las debe mezclar con el azúcar y el tabaco, que queden impregnadas, luego las deposita, esto debe hacerlo antes del amanecer.

Envuelva la alcancía con la prenda interior, que en sí representa todo lo que usted es.

Entreteja las cintas, no vaya a hacer nudos, si los hace estará atando su fortuna, es "vendar" momificar, cubrir, proteger, arropar la alcancía, las cintas deben estar mezcladas, al final queda un fetiche.

Este lo debe colocar en el sitio donde usted labora, y estar atento con las señales que produce.

Sí…

- Las cintas se sueltan
- Cambian de color
- Se pudren
- El fetiche se pierde
- Cambia de lugar
- Sueña con él o con las monedas
- Sentir ardor en el vientre
- Ver sombras
- Percibir que hay bloqueos
- Las herramientas se dañan

Al aprender a conocer las señales le será fácil saber cuando algo no está bien, esto es importante antes de hacer algún tipo de inversión, negocio, contrato, o aceptar nuevos empleados.

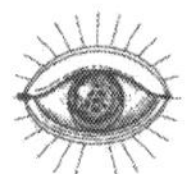

Toda energía destructiva llega al fetiche no a usted, pero dará señales, en la medida que lo hace será más sensible, fuera que esto le ayudará a no actuar de manera impulsiva, cuando ya no desee tener el fetiche, libere la prenda, junto con las cintas las arroja al viento, saca las monedas, destruye la alcancía y todo quedará liberado.

ENDULCE MÁGICO

Endulzar no es una brujería como tal, es un acto de atracción sin imponer ni obligar, las brujas antiguas lo usaban para crear una fuerte atracción, aumentar las llamas del amor y la pasión, no tiene eventos negativos ni es destructivo, si no hay amor o empatía al endulzar no se produce ningún efecto.

Normalmente, se utiliza melado de panela o de azúcar, miel, o cualquier dulce, en el cual se sumerge algún objeto o prenda que será obsequiada a la persona que se desea atraer o aumentar la intención.

Las parejas que tienen relaciones sexuales, humectándose mutuamente con almíbar de rosas, mantienen vivo el amor durante mucho tiempo.

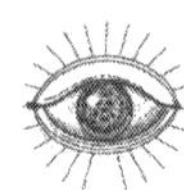

Las brujas contaban que el mejor endulzamiento es que se hace a uno mismo, eso produce fuerte atracción, y si se mezcla con dinero, boletos de viajes, flores amarillas se endulza la vida y la riqueza.

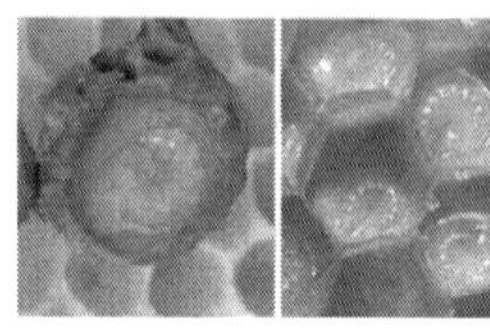

Debe conseguir miel blanca o jalea real y polen.

Durante la noche de plenilunio, se debe realizar una exfoliación de todo cuerpo, usando para esto miel y café, luego se ducha normalmente, posterior, se colocan los elementos que se quieren atraer en el piso de la ducha, se debe parar sobre ellos, con la jalea y el polen se procede a humectar las axilas, la entrepierna, los pies y las manos, se deja la jalea por uno diez minutos, luego se ducha nuevamente, permitiendo que el agua, el polen y la jalea, humedezcan los elementos. Estos se deben dejar secar al sol, luego se conservan, este endulce se recomienda realizarla al menos una vez por cada estación.

Todo es susceptible de ser endulzado y al igual debe ser en equilibrio, demasiado dulce empalaga, obteniendo lo contrario, es mejor pensar en las fases lunares ese ciclo mágico y hacerlo solo bajo la luna llena, no se requiere de cantidad sino de calidad.

En los negocios, el hogar, en el carro, se mezcla una pequeña porción de jalea real con agua dejada a la luz de la luna, y se aplica en las esquinas.

Si se endulza demasiado algo o alguien se recibirá rechazo, si se endulza demasiado a sí mismo será un fastidio, la medida perfecta es el filtro de brujas creado especialmente para endulzar, Dulcis Alis Venti, se aplica tan solo una gota cada día.

El endulzamiento atrae fuertemente al aumentar las feromonas, se debe tener prudencia de no involucrarse con energías de alteración, o, vivir aventuras que pueden terminar en tormentos, recuerde siempre que existe el otro extremo que, aunque no se ve allí está, el amargo sabor del rechazo.

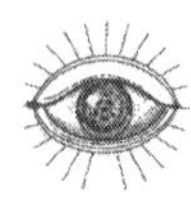

BRUJERÍAS Y CONTRAS

MAL DE OJO

Es una brujería fácil de producir, difícil de tratar, se produce por envidias, celos, venganza, corta la energía vital de las personas u objetos, al observar algo que le atrae y no poder tenerlo, esa mirada daña lo que ve.

Contra

Tanto para personas como objetos, buscar una mazorca que tenga granos negros, pasarla alrededor de quien está encantado siete veces, luego se entierra.

Colocar amuletos, aseguranzas, baños con arcilla, dejar al sol una prenda intima que esté sudada, luego en la noche colocarla sobre un espejo encantado, esto devuelve el influjo a quien lo irradio.

Se recomienda el uso de; piedra ojo de tigre, ojo turco, ónix, azabaches rojos y negro, ágata, utilizar una tobillera de lana negra, con alguna de estas gemas.

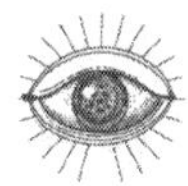

SALAMIENTOS

No es difícil y es común, la gente recurre a regar sal en las puertas de las casas, junto con otros elementos, vísceras, velas negras, pociones, filtros, etc., Con el ánimo de crear un mal a ese lugar.

Contras

Se debe quemar romero, ruda y cicuta, sobre los restos de sal, no se debe recoger, luego sobre las cenizas regar sal que se tenga en la casa, se agrega una pluma y treintaitrés cabellos de la escoba, tres granos de mostaza, diga: "Te devuelvo la sal y mañana vendrás por ella" se deja todo ahí que el viento se lo lleve. Debe estar atento quien hizo el salamiento por algo a su casa ha de visitar.

VELAS DE CEMENTERIO

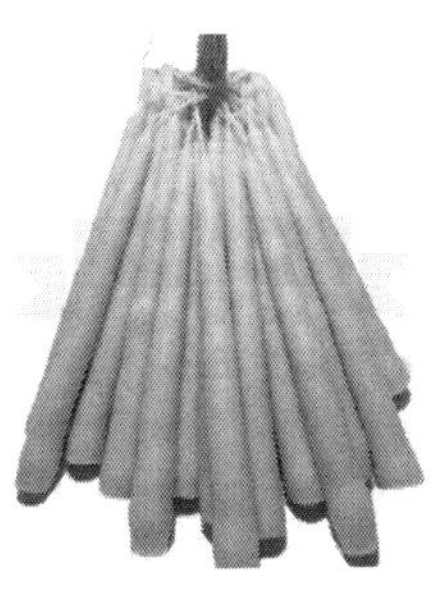

Esunpeligrosoritualdenecromancia que involucra a los espíritus o almas sufrientes, son velas "robadas" los lunes en la noche de las puertas del cementerio, contienen oraciones, conjuros o rezos, se colocan en las

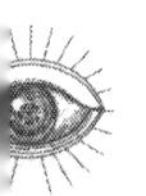

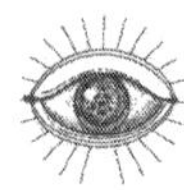

puertas de las casas para que los sufrimientos lleguen, son venganzas, odios, rencores, mal de amores, etc.

Producen enfermedades, males postizos, ataques de espíritus, ruina, desgracias y destrucción.

Contras

Recoja el sebo sobrante o las velas que estén, al siguiente lunes en la noche deberá visitar el cementerio, lleve las velas y encienda tres veces la cantidad que le fueron dejadas si es una, encienda tres suyas, etc., Parece del lado izquierdo de la entrada, mientras las velas están encendidas diga:

Seres desencarnados este recado vengo a traer
Alguien los ha usado, para un sufrimiento imponer
Vengo a darles un alivio, si esto pueden deshacer
Que el mal a mí deseado ahora debe desaparecer
Enciendo estas velas, como gratitud
Si escuchan mi llamado, sigan la luz
Como espíritu encarnado, la paz les doy

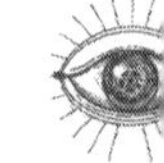

Que las puertas se abran y puedan pasar
En este mundo ya no se pueden quedar

Haga silencio, mientras las velas que usted prendió se queman, luego toma las velas que encontró y con su mano izquierda las arroja dentro del cementerio, mientras dice:

El mal no me puede dañar
No hago mal ni es mía la maldad
La justicia de la muerte es la que debe actuar

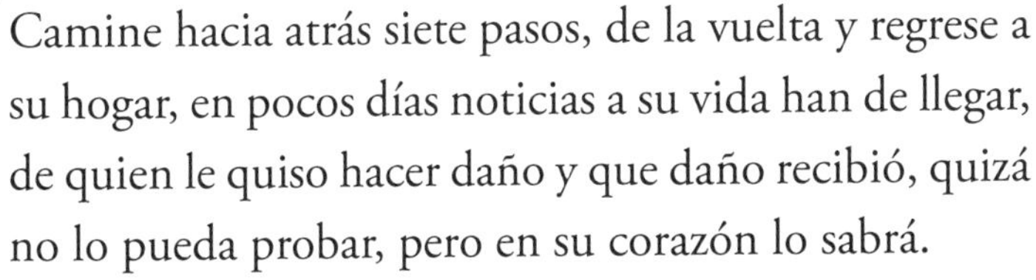

Camine hacia atrás siete pasos, de la vuelta y regrese a su hogar, en pocos días noticias a su vida han de llegar, de quien le quiso hacer daño y que daño recibió, quizá no lo pueda probar, pero en su corazón lo sabrá.

Luego en su hogar durante siete viernes, velas de gárgolas de protección deberá quemar.

¿Mi pareja me hace brujería?

Es una pregunta constante, existe una variada cantidad de influencias mágicas que se imponen sobre la pareja, bien para mantener la fidelidad, para dominar o crear dependencias, atar, limitar, utilizar, obtener beneficios económicos, todo depende del interés, cada influencia debe ser manejada por separado las más comunes son:

☽○☾ Ligar a un hombre

Es una brujería que lleva como intención evitar el que hombre pueda tener relaciones sexuales con mujeres diferentes de quien lo ha ligado, aunque sienta deseos sexuales no puede tener erección, un ritual algo macabro.

La disfunción eréctil por brujería es muy común, esto por lo fácil que es realizarla, el hombre que la padece puede continuar con esa "liga" después que se termina la relación.

Contra

Quien esto padece debe buscar ayuda mágica de una bruja o mago versado en las artes para romper la liga, cada caso es único, por eso no existe una contra para todos. Pero… algunas sugerencias mágicas que puede ayudar, sin ser la solución solo es algo temporal, solo se puede hacer una vez, de no buscar ayuda mágica la liga puede continuar toda la vida.

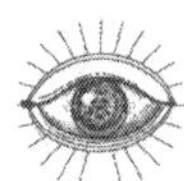

Busque los siguientes elementos y plantas, espárragos, caléndula, albahaca morada, agua de coco, cacao en hoja, sal marina, aceite natural.

En un frasco oscuro, coloque el aceite y agregue las plantas las cuales debe primero dejar secar al sol, luego agregue el agua de coco.

Cierre muy bien el frasco y déjelo en la oscuridad durante un mes lunar, al final de ese tiempo lo debe sacar y filtrar quedando un aceite con un agradable aroma, pero, si el aroma se siente pasado, amargo, o con olor dañado, eso quiere decir que usted ha sido embrujado con otro tipo de magia y este ritual no le sirve, debe buscar ayuda.

Si el aceite es de aroma agradable, debe aplicar siete gotas en sus manos, al tiempo de bañarse friccione sus genitales, luego dúchese normalmente, esto debe realizarlo todos los días durante la fase de novilunio, al término de los siete días debe utilizar una aseguranza de amor. Debe tener precaución al despertar una intensa sexualidad el pasado vuelve a ser a atraído a su vida.

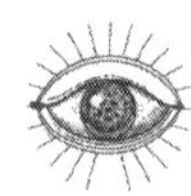

No existe en la magia forma de saber que mujer lo ha ligado, así que evite hacer conjeturas de quien pudo ser, luego de realizar el ritual debe buscar que una bruja o un mago le retire la liga.

☽○☾ Ligar a una mujer

Es un viejo ritual natural considerado brujería, algo que muchas mujeres aceptan sin darse cuenta de que quedan ligadas, atadas y marcadas a un hombre, y algunas mujeres lo hacen sobre los hombres.

La orina posee grandes poderes mágicos cuando se usa para "marcar territorio" es algo natural. Pero... cuando se hace con otros elementos mágicos, como cadenas, anillos, cierres, prendas, se produce una liga sexual.

Normalmente, en la ducha, el hombre tiende a orinar a la mujer de cabeza a los pies, ese es un acto de sumisión y entrega, permitiendo que el "macho marque a la hembra" esto genera una energía de propiedad que los demás "machos" u hombres perciben de manera inconsciente generando un rechazo, de manera instintiva reconocen la química que existe.

Son muchas las mujeres que han experimentado este suceso, posterior a terminar la relación ninguna pareja que consiguen permanece, los hombres se alejan.

Cada caso es único, no existe una contra para todas las mujeres, pero algunas sugerencias que deben tener presente, en algo les puede ayudar.

Si un hombre las orina, debe orinarlo también, es algo hoy conocido como "lluvia dorada" una muy peligrosa práctica sexual, las personas hombres y mujeres pueden dañar y alterar su química natural.

Para las mujeres contra

Uso de exfoliantes sagrados conjurados por las brujas, almizcle, perfumes mágicos, preparados con la raíz

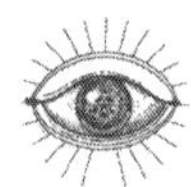

de genciana, en la noche negra, Sanctum Óleum Gentian.

Y, lo mejor que una mujer puede hacer es, que otra mujer la orine, eso retira la química del hombre, devolviendo la química natural, algo que ocurre en el momento del parto con el líquido amniótico de la placenta, crea protecciones energéticas contra las malas energías.

De igual manera, baños de luna en la playa, usar ropa interior de color negro durante todo un mes lunar, conseguir el pelo del vientre de una cabra acabada de parir y pasarlo por el vientre.

Colocar sobre el vientre una cachorra de una mascota recién nacida, bañarse con leche materna. Eso puede ayudar, pero debe buscar a una bruja o un mago para una limpieza de energía, siempre que ya no esté con el hombre que la marcó, de lo contrario lo mejor es que lo orine. Esto puede crear un problema de energía tanto para él como para ella, y es algo que se vive en la actualidad, una de las razones para el fracaso de las relaciones afectivas.

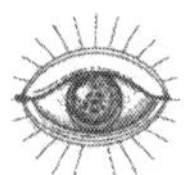

Cada mujer en su fuero interno conoce lo que ha hecho.

Los hombres a quienes, por deseos sexuales, placer o lujuria, buscan este tipo de experiencia, en ocasiones sin conocer a la mujer que lo hace, dañan la vida y las energías, solo una bruja o un mago puede ayudarles, es un placer muy peligroso.

BEBEDIZOS

Es una tradición mágica, tanto de mujeres a hombres como hombres a mujeres.

Posee un secreto, que la otra persona no se entere de que está bebiendo un bebedizo, así que tener sexo oral voluntario no cuenta como bebedizo.

Los bebedizos en común acuerdo generan lazos de amor, muy difíciles de romper, siempre que las dos personas así lo deseen y lo acepten.

Las mujeres de manera instintiva "conocen" qué darles a sus hombres para dominarlos, todos los fluidos corporales son usados en bebedizos, así como otros elementos, sobrados, sobrados de suegra, ombligos de los hijos, agua de cabellos, placenta licuada, flujo de ovulación, flujo menstrual de tres días, semen, sudor, lágrimas de felicidad, lágrimas de dolor, y un infinito de más cosas.

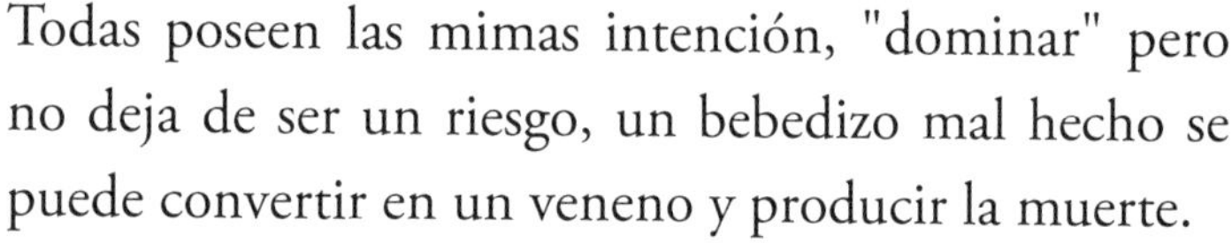

Todas poseen las mimas intención, "dominar" pero no deja de ser un riesgo, un bebedizo mal hecho se puede convertir en un veneno y producir la muerte.

Para hacerlo se requiere conocer muy bien, las fechas, horas, días, fases lunares, estados de ánimo, preparación, toma, etc., es un verdadero arte.

Los síntomas son similares con lo anteriormente expuesto, dependencias, mansedumbre, dedicación, entrega, sometimiento, etc.

Es de recordar que la magia no aboga por las imposiciones que limitan la libertad natural de los seres humanos, todo sometimiento creado por una brujería en cualquiera de sus representaciones siempre termina mal.

Contras

Solo las brujas conocen los contras un bebedizo se combate con otro bebedizo.

Los bebedizos, fuera de la intención los químicos ingresan al cuerpo, permanecen en él, son absorbidos, unificados, luego es muy complicado deshacerlo solo otro bebedizo mantiene el equilibrio.

Pero, como sugerencia según las brujas antiguas, lo mejor que se puede hacer es sudar, baños de vapor, sauna, deporte todo el que pueda, que sea exigente, una voluntad férrea para liberar la mente de la influencia, el cuerpo necesita de noventa días para restaurarse, eso puede ayudar siempre y cuando los bebedizos no continúen.

En el mundo mágico de las brujas, ellas sugieren que los bebedizos deben darse en fechas especiales, su influjo

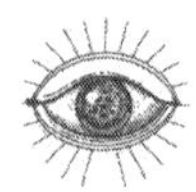

es corto en el tiempo, la influencia fácil de perder, conocen los contras a través de brebajes, el problema de esto es que al anular un bebedizo la persona cambia los sentimientos hacia quien lo embrujo, de un amor intenso se pasa a un desprecio y odio absoluto.

Es muy difícil, que una mujer u hombre, reconozca, sospeche o se dé cuenta de que le han dado un bebedizo, lo que se ha descubierto fuera de los comentarios de las brujas, es por las cámaras espía que se colocan en las casas.

CEBAR

El desespero por estar en la casa, no poder estar tranquilos fuera del hogar, tener que ir como sea, ansiedad, angustia si se está lejos, es como un imán que atrae con fuerza, eso quiere decir que la persona está cebada.

Es un ritual de brujas algo complejo de realizar, pero muy efectivo, bueno, la magia no puede ser condenada, y en la estrategia del amor todo vale.

Siempre que sea para crear un bienestar, felicidad y no esclavitud. Pero cuando se convierte en un problema

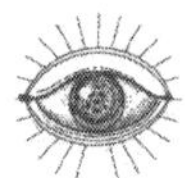

de violencia y sometimiento, es algo que la magia rechaza, cebar a una persona, es actuar en contra de su voluntad obligándola a ejecutar acciones que no le nacen.

Esto es peligroso, la persona cebada puede volverse violenta, agresiva, intensa, o terminar idiotizada convertida en un ente.

La persona nunca sabe que ha sido cebada, pero los familiares, amigos, personas cercanas lo notan, ahora, como es tan difícil saber si es capricho, amor, dependencia sexual o cebo, es igual de complejo dar una contra, la mamá de un hijo del que recibe dinero, siempre va a pensar que la nuera cebó el hijo y que quiere, separarlos.

Por eso la recomendación antes de hacer algo que pueda ser equivocado es realizar un sortilegio, para conocer que influjos existen, pero para minimizar la influencia hay sugerencias que si bien no quitan el cebo permiten descubrir si está ocurriendo.

⛤ Amarre los cordones de los zapatos a las patas de la cama y mire que actitud toma la persona, desea salir, se queda o se desespera por irse.

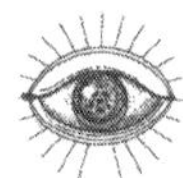

- Amarre una prenda usada haciéndole siete nudos y se deja debajo del colchón de la cama donde duerme.

- Coloque detrás de la cama tres clavos de herradura cruzados.

- Ate los zapatos a una puerta cuando la persona no se encuentra en la casa.

- Coloque tres velas de cebo a la entrada del hogar en la parte izquierda de la puerta, si la persona esta cebada, el cebo será atrapado.

Debe recordar que no todas las veces obedece a un cebo, existen otras magias y otras dependencias, que producen los mismos efectos, antes de intentar algo debe preguntarse si es otro tipo de interés el que se tiene, se puede causar un gran daño, por una mala interpretación.

ENTIERROS

Una de las más fuertes brujerías, primero por el daño que produce, segundo por el largo tiempo que dura y tercero por lo complicado y difícil que es deshacerlo.

Posee muchas variantes dependiendo de la intención, entierro para un amarre de amor, entierro de la vida, entierro del dinero, entierro de espíritu, para cada situación de la vida hay un entierro.

Es en sí una forma simbólica de producir un efecto real, la muerte y putrefacción de "algo" algo que se entierra muere y se destruye en el tiempo.

Los entierros a diferencia de la siembra que es el mismo acto, las intenciones son opuestas en el uno es vida en el otro es muerte.

Es de las brujerías más usadas para venganza, desamor, traiciones, despecho, rencores, envidias, celos, destruir a competidores, destruir hogares, relaciones de pareja, crear males o enfermedades postizas, secar úteros para hacerlos estériles, crear bloqueos de dinero, éxito, progreso, triunfo, trancar la vida y el listado es infinito.

Cuando hay un funeral, se hacen los entierros que se lleva el muerto, es un ritual de necromancia, que no se debe confundir con los rituales de Vudú u otras religiones que utilizan fetiches, muñecos con alfileres, amarres, atados, que son escondidos en las casas o enterrados en los cementerios.

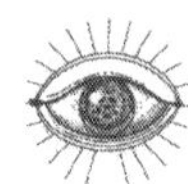

Aunque tanto los entierros como los fetiches tienen la misma intención crear un daño o maleficio la forma es diferente.

Esto cierra la vida impide el progreso en todas las cosas, salud, dinero, amor, fortuna, progreso, la vida literalmente muere.

Señales de entierros

Estando bien, progresando, avanzando en la vida, todo se complica de un momento a otro de manera paulatina, se pueden presentar los siguientes eventos:

- Olor fuerte a tierra mojada.
- Olor a putrefacción que llega por oleadas.
- Olor a excrementos.
- Olor a tierra mojada o guardada.
- Sueños extraños y oscuros, sombras, tumbas, cavernas, laberintos, alimañas, ataúdes, barro negro o aguas sucias y turbulentas.

- Aparición de insectos, normalmente, moscas negras, verdes y azules.

- La comida se daña, el pan se llena de moho, las plantas se marchitan.

- Fuerte caída del cabello, cambio en la piel, manchas o estigmas.

- Secuencias de eventos problemáticos, dinero que se pierde, objetos que se dañan, discusiones constantes, si bien son eventos comunes, son señales cuando aparecen en conjunto.

- Sensación de claustrofobia, profunda soledad interior, se percibe que "algo" extraño está sucediendo.

- Miedo, temores sin razón, sensación de ser vigilado.

- Despertar varios días seguidos a la misma hora.

- Tener encuentros con personas tóxicas, es como si el pasado negativo regresará.

Estas y más señales se presentan cuando se realiza un entierro en contra de alguien, las energías irradiadas

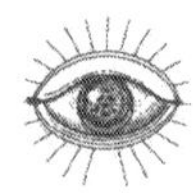

con los con conjuros, hechizos, rezos, alteran los planos mental y físico, se ha creado un puente que actúa sobre la mente, la cual percibe ese fluido, y sobre la materia, donde la vida se altera.

Contras

En las artes mágicas, es uno de los rituales más complejos para deshacer, se puede, pero requiere, de tiempo, y grandes protecciones mágicas, tanto para la bruja o el mago, así como para las personas cercanas de quienes han sido embrujados.

Este tipo de energías macabras, "saltan" o son transferidas de una persona a otra, es la magia lúgubre de los entierros, algo que ocurre con frecuencia al involucrarse con alguien embrujado, se transfiere las malas energías. Al tratar de anularlas, buscan otro huésped cercano, o caen sobre la bruja o el mago, si estos, no tienen protecciones de alta magia, asumen para sí el embrujo, es algo peligroso.

Como todo en la magia, los rituales para desatar un entierro dependen de los eventos que lo provocaron, pocas o ninguna vez se ejecuta este ritual sin que exista

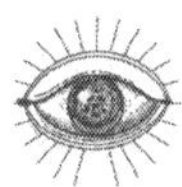

una razón o causa que haya originado recurrir a tan poderosa y destructiva venganza.

La siguiente sugerencia mágica, crea una campana de protección por un tiempo limitado, en el cual tiene el tiempo para mirar en su corazón y consciencia si encuentra la causa original y tratar de repararla, deudas, traiciones, robos, mentiras o engaños, abuso sexual, jugar con los sentimientos de alguien, abandono de hijos y mujeres embarazadas, haber ejecutado un ritual de brujería, amarre, atados, hechizos sobre otra persona.

Y de manera especial, revisar sí antes que empezaran los sucesos, visitó brujas, cartomantes, cementerios, si tuvo relaciones sexuales con personas desconocidas, si alguien nuevo llegó a la vida, si visitó sitios contaminados de energías, compro algo usado, carro, casa o similar, recibió algún regalo inesperado, o se encontró algún tesoro maldito, recuerde que estás energías "saltan o se pegan" si no se encuentra una razón de algún acto ejecutado, las energías de alguna forma llegaron a su vida.

Solo una bruja o un mago versado en las artes, con las protecciones debidas, puede cerrar, anular, devolver el entierro.

Pero existen rituales que pueden ayudar y, en algunas ocasiones son suficientes para anular y devolver la influencia, los siguientes rituales, sirven para:

Contra mágica para las brujerías con el permiso de las abuelas brujas del grimorio sagrado.

Entierros, amarres, brujerías, imposiciones, conjuros, salamientos, ataduras, embrujos, etc., la gran mayoría de brujerías excepto los bebedizos, actúan sobre la energía de la persona, las demás de una u otra forma son irradiadas y canalizadas a través de objetos, prendas, fotografías, cabellos, elementos que sirven como "puente" psíquico.

Estos rituales usados por las brujas y los magos, ayuda a regular, proteger, "engañar" las influencias irradiadas, pero esto no remplaza la asesoría mágica de una bruja o mago, en ocasiones si la influencia tiene gran poder esto solo será temporal.

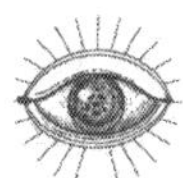

Lo primero que se debe realizar ante un evento mágico es una limpieza de energías tanto para el cuerpo como para el lugar.

Para hacer una limpieza se requiere de:

- Pociones, riegos, plantas sagradas, escoba nueva, un espejo redondo conjurado a la luz de la luna llena, velas conjuradas.

- Esencias, jabones sagrados, exfoliantes, los rezos y conjuros necesarios, así como los inciensos.

En esto hay que tener claro que; quien está embrujado, se encuentra atrapado dentro de la energía irradiada, por ende, no puede hacer sus propios elementos mágicos, si los hace, estos, tendrán la misma brujería, por ende, no sirven.

Es como sacar agua de una piscina sucia y volverá a echar, pensando que está limpia.

Es una de las razones por las cuales, muchos rituales realizados por la misma persona carecen de efecto, al adquirirlos de una bruja o mago, las energías son diferentes, no se está infestado.

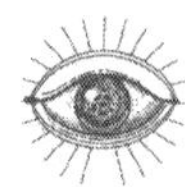

Todas las personas en cuanto con la brujería y las ciencias ocultas, debe tener una guía de cabecera, algo que mucha gente importante posee, al igual que en los antiguos reinos.

Las limpiezas se ejecutan de acuerdo con las fases lunares y estaciones, dependiendo de las energías que se desean armonizar, sin una limpieza inicial, ningún ritual de los siguientes va a funcionar, ahora, si lo intenta, el riesgo es suyo, si obtiene lo contrario o fortalece las energías existentes.

FETICHE DE PROTECCIÓN

Es quizá el que mayor poder tiene, luego de una profunda limpieza energética, se realiza lo siguiente;

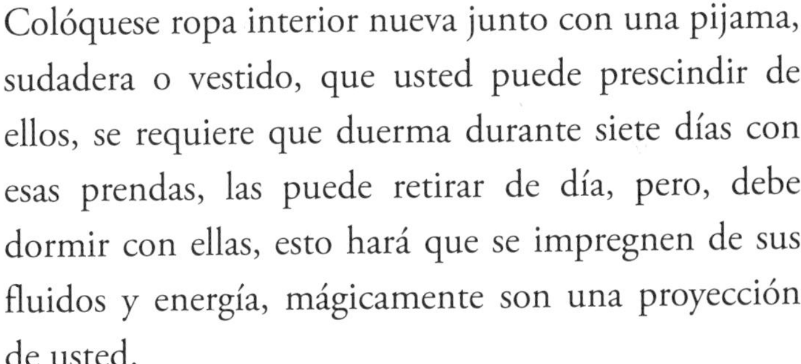

Colóquese ropa interior nueva junto con una pijama, sudadera o vestido, que usted puede prescindir de ellos, se requiere que duerma durante siete días con esas prendas, las puede retirar de día, pero, debe dormir con ellas, esto hará que se impregnen de sus fluidos y energía, mágicamente son una proyección de usted.

Trate de sudar, cuanto más fluidos corporales tengan las prendas más poder de protección tendrán.

Al séptimo día preferible que coincida con la noche de novilunio, hará un muñeco con las prendas, utilizando cabuya o fique natural, dele la forma al cuerpo, cabeza, brazos, tronco piernas, no importa si no queda perfecto.

Busque un espejo redondo pequeño, previamente conjurado, colóquelo en el centro del fetiche, esto devolverá las energías a quien las haya irradiado.

Debe procurarse, sigilos, talismanes, amuletos, collares o dijes de protección los cuales colgara del fetiche, recuerde ahí está su energía.

Alumbrando el fetiche

Con tres velas conjuradas o rezadas, haga un triángulo en el centro coloque el fetiche, encienda las velas, el lugar debe estar en penumbra solo la luz de las velas debe iluminarlo.

Concentre su atención y diga:
Por los poderes de la oscuridad
Por las brujas protectoras
Por los magos sabios que cuidan las horas, a
este sagrado encanto,

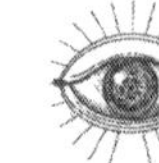

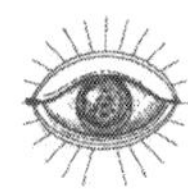

Le otorgo mi protección de día y de noche,
será mi salvación
Nada a mí ha de llegar todo a él se va a
irradiar
Con el poder sagrado de la luna
El mal que sea para mí
Por tres lo devolverá.
Desde ahora quedo protegido
Por la luz de la oscuridad.
Todo el que quiera hacerme daño
El mal le regresará

Espere hasta que las velas se consuman en su totalidad, luego debe buscar un lugar cerca de su casa, habitación lugar de trabajo, donde guardará el fetiche.

¿Qué si es brujería? Si, en efecto lo es, pero es su protección, la energía que le irradien no llega a usted va al fetiche, el espejo la retorna a quien la envía, por eso, igual que todas las brujas y magos deben ser discreto, si alguien lo encuentra va a hacer juicios imprudentes, si no puede guardarlo cerca por las personas con las que habita, busque un árbol frondoso, siémbrelo en sus raíces tendrá algo más de protección, luego de sembrarlo debe orinar encima del lugar, una forma de "marcar su propiedad"

Para tener en cuenta en todos los rituales de protección

Toda energía liberada busca un camino por donde salir, esto puede generar eventos en los siguientes días, algo que se daña, se rompe, un accidente con otra persona, tuberías que explotan, personas que se alejan, espejos que se rompen, camas y colchones que se dañan sin razón, separaciones, perdidas de empleo si en ese lugar está la fuente de las malas energías, debe conocer que luego que la energía salga o haya sido bloqueada, sentirá el cambio.

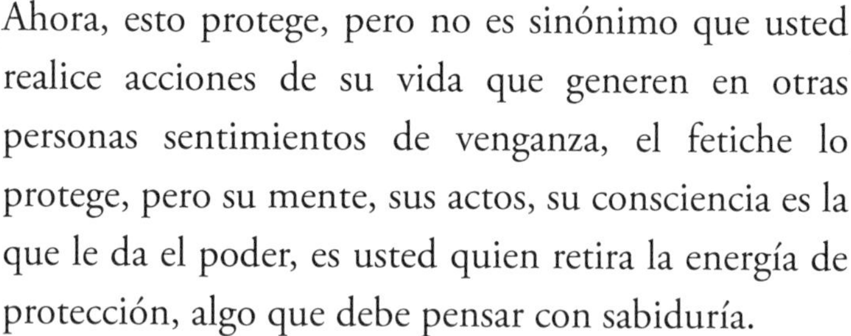

Ahora, esto protege, pero no es sinónimo que usted realice acciones de su vida que generen en otras personas sentimientos de venganza, el fetiche lo protege, pero su mente, sus actos, su consciencia es la que le da el poder, es usted quien retira la energía de protección, algo que debe pensar con sabiduría.

Un fetiche de protección no se puede realizar más de una vez, la magia es celosa y su consciencia su peor juez.

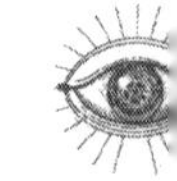

RITUALES

Estos rituales armonizan las energías, cortan brujerías, separan las influencias dañinas, sirven para todas las influencias negativas que alguien esté recibiendo. Si no hay mejora, se debe buscar ayuda mágica.

☽○☾ Escobas

Con las escobas se barre y se atrae y se aleja.

Tres mujeres con tres escobas deben ejecutar el siguiente ritual a una persona que esté siendo embrujada, amarrada o hechizada.

Se acuesta la persona en el piso de una habitación, se traza con tiza sagrada dos círculos alrededor, se le pide que se serene y no se vaya a mover mientras las mujeres el ritual deben hacer.

Colocando los tres cabos de las escobas, encima de la persona sin irla a tocar, una danza va a realizar, son golpes seguidos que cada una a otra debe dar.

Un cabo queda quieto y sobre él las otras se hacen sonar, debe ser rítmico y constante mientras por todo

el cuerpo van a pasar, de la cabeza a los pies y de los pies a la cabeza las escobas deben sonar. (*Véase el libro la Magia de las Escobas*)

Mientras el sonido se va dando las tres mujeres deben pronunciar…

Fuera… fuera… fuera… de acá
Nada tienes en ese lugar…
Limpia… limpia… limpia… Llévate el mal
Fuera… fuera… fuera… de acá.
Limpia… limpia… limpia… Llévate el mal
Suelta este cuerpo… Déjalo en paz…
Limpia… limpia… limpia. Déjalo en paz.

Así se sigue durante hasta pasar siete veces por todo el cuerpo haciendo sonar los cabos de las escobas, se recomienda que las mujeres vayan danzando alrededor de la persona, luego a terminar las siete veces, se giran las escobas y se barre sobre el aire de la persona en dirección a los pies.

Se debe tener precaución se pueden presentar extraños eventos, objetos que se caen, sombras que aparecen, la persona puede gritar, llorar, orinarse, sentir las energías que se desprenden, a pesar de que se escuchen ruidos, o se sienta presencias eso quiere decir que el

ritual tiene el poder, no se debe terminar o romper, solo si se presenta algún evento que ponga en riesgo la vida o seguridad, se debe suspender. Si esto ocurre se recomienda grabar la sesión observa que entidades actúan en ese lugar, y buscar ayuda mágica.

El salto de limpieza

Tres escobas se deben colocar al lado de una persona que le va mal, no tiene suerte, ni amor ni felicidad, está atada a un embrujo que no le deja progresar.

Tres escobas se deben poner un y otra van al revés, al lado derecho va una, y al izquierdo dos, tres mujeres que no usen ropa interior.

Estando descalzas, van a traer, azúcar, arena, un poco de miel, la pondrán sobre la cabeza y también los pies, en las palmas de las manos la van a endulzar para que llegue la suerte y la felicidad.

Luego las tres sobre ella van a saltar dos de la derecha y la de la izquierda por la mitad, se cruzan cuando

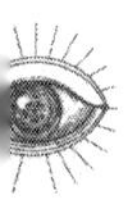

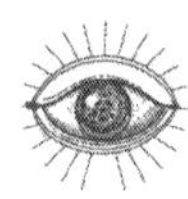

salten siete veces eso harán, luego cambian de lado y lo mismo realizaran, son catorce saltos que se deben hacer siete a la derecha, siete a la izquierda, con la del centro siempre se han de cruzar. Mientras saltan sobre la persona y las escobas esto deben decir, así el poder mágico va a conseguir.

Rompe... rompe... lo que no está bien
Con estas escobas todo se ha de barrer
Que las brujas malas no vuelvan a entrar,
que se vayan rápido no pueden estar,
Rompe... rompe... todo el mal
Que venga la suerte y la felicidad
Rompe... rompe... rompe ya...

Terminado lo anterior, se fricciona o se endulza a la persona, con la miel y el azúcar que puso al inicio, luego se riega la arena en los pies, se le pide que se levante y con las tres escobas debe barrer la arena hacia afuera del lugar.

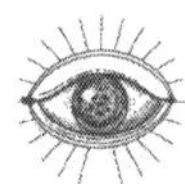

Giro al revés

Durante la noche de luna llena donde la luna se pueda ver, una sábana blanca debes tener, trae a la persona que no le va bien, que tiene problemas y no sabe qué hacer.

Con mucho amor y buena intención como buenas brujas con el corazón, esa alma va a sanar para que a ella retorne toda la felicidad.

Sobre la sábana la van a acostar, poca ropa debe usar, si es desnuda mucho mejor, pero si tiene pudor, entonces vestida toca hacer el ritual. Cuatro nudos se deben hacer en cada punta que queden bien, cuatro brujas van a bailar, sacando los malos que atormentado están.

Estando listas la vida van a mover hacia la derecha el futuro que ha de llegar, hacia la izquierda al pasado para cerrar el mal.

Las cuatro al tiempo van a girar primero a la izquierda para volver al revés, el tiempo pasado donde no quedo bien, siete giros deben dar, todas al tiempo van a caminar, la sábana gira y el cuerpo también siete

vueltas al revés. Mientras van danzando van cantando con mucho fervor:

Gira…… gira… gira… hasta el ayer
Que el tiempo vuelva otra vez
Gira…… gira… gira… para saber
En donde el destino vuelva otra vez
Gira…… gira… gira…
Sin parar que el futuro viene ya
Gira…… gira… gira… y sabrás
A donde el destino te ha de llevar…

Sigue la ronda y se sigue girando siete veces por cada vez, al terminar se envuelve la persona en la sábana y se deja descansar, cuando se sienta aliviada y se puede levantar, de la sábana con cuidado saldrá como una mariposa que comienza a volar, los nudos apretando van como un nacimiento así sucederá, cuando saque los pies las cuatro puntas se han de cerrar haciendo nudos que se puedan desatar. Después a un cauce o un río la vas a arrojar, que el agua se lleve para siempre el mal.

Omar Hejeile Ch.

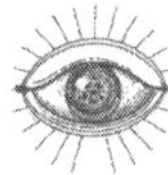

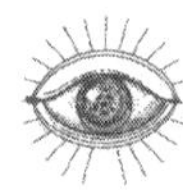

WICCA

Enciclopedia Universo de la Magia

¿Desea aprender magia?

Ingrese a la escuela de la magia a través de nuestra enciclopedia en Ofiuco Wicca. El poder oculto de la mente, la influencia sin espacio ni tiempo. Un conocimiento guardado por milenios, ahora en sus manos.

WWW.OFIUCO.COM

Made in the USA
Middletown, DE
02 August 2024

58387203R00196